WC BOOK BLAGUES

par Pascal Petiot

SAND

WC BOOK – Blagues

D'après une idée originale de Pascal PETIOT

Responsable éditorial :
Pascal PETIOT

Éditorial :
Léa TORRES

Mise en page :
I-NOOVA

Conception et réalisation couverture :
Sabine NOURRIT

Dépôt légal : 2e trimestre 2016 © Sand, 2016
ISBN : 978-2-7107-8894-2

Achevé d'imprimer en février 2016 par CPI Blackprint (Espagne)

ENFANTS

Chanson de la colique

Il court, il court, aux toilettes
C'est à cause de la diarrhée
Il court, il court, dès le lever
Il est vraiment très pressé.
Il a foncé par ici
C'est à cause de la diarrhée
Il projettera par là
Il court, il court, aux toilettes…

BOULOT

Qu'est-ce qui appartient à ceux qui se lèvent tôt ?

- ☐ L'avenir
- ☑ La tête dans le cul
- ☑ Le tout dernier café
- ☑ Les cernes

PEUPLES

Il est désespérément suisse, ce parachutiste suisse. À l'instruction, le moniteur lui a bien dit : « Vous sautez de l'avion. Vous comptez jusqu'à trois. Alors vous tirez sur la manette et le parachute s'ouvre… »
Eh bien, effectivement, il saute de l'avion. Mais son parachute ne s'ouvre pas et il s'écrase au sol. Une ambulance arrive à toute allure pour le ramasser. Un infirmier s'approche de lui, il se penche sur le malheureux et il entend une petite voix qui gémit : « Trois. »

BOULOT

Jésus décide de revenir sur terre.
Afin de se faire connaître, il entre dans un bistrot :

- Salut les gars, je suis Jésus, je suis redescendu sur Terre...
- Pfff, j'te crois pas.
- Si, si, je suis Jésus.
- Prouve-le !

Un handicapé passait par là dans son fauteuil roulant, Jésus lui met la main sur l'épaule et le paralytique se lève et marche.
Un aveugle buvait tranquillement son verre, Jésus lui met la main sur les yeux et l'aveugle retrouve la vue.
Jésus s'approche d'un troisième et celui-ci crie :

- Ne me touche pas, NE ME TOUCHE PAS !
- Mais pourquoi donc, je ne te veux aucun mal, je souhaite seulement te guérir.
- Ne me touche pas, je suis fonctionnaire et ça fait seulement quinze jours que je suis en arrêt maladie.

ENTRE POTES

Dimanche matin, à la première heure, Ju, vraiment très en colère, appelle son meilleur ami :

« Tu aurais pu me prévenir pour les boîtes échangistes mec… J'suis passé pour un abruti avec mes cartes Pokémon en double ! »

FAMILLE

Le petit Kevin revient de l'école avec son bulletin de notes. Il n'a que des mauvaises notes.

- Quelle excuse vas-tu encore me donner ? soupire sa mère.

- Eh bien, j'hésite entre l'hérédité et l'environnement familial.

PEUPLES

Le téléphone sonne chez un cosmonaute russe. C'est un petit garçon qui répond.

- Ton papa est là ? demande une voix au bout du fil.
- Non, papa est parti faire trois fois le tour de la Terre en Soyouz. Il rentrera dans deux heures...
- Et ta maman ?
- Maman est partie faire la queue pour les pommes de terre. Elle sera là demain en fin de matinée...

PEUPLES

Comment dit-on château fort en Belgique ?

Solution

CCCCCCHHHHHHAAAAAAAAATTTTTTTEEEEEEEEAAAAAAAUUUUUUUU !!!!!!!

FAMILLE

Quelle est la principale cause de divorce ?

Le mariage.

PEUPLES

Pourquoi les Belges emportent-ils un fusil aux toilettes ?

Pour chasser les mauvaises odeurs.

ENFANTS

Qu'est-ce qui fait :
IIIIZZZZBBBB,
IIIIZZZZBBBB,
IIIIZZZZBBBB ?

Une abeille en
marche arrière !

BOULOT

Pascal arrive au bureau de très bonne humeur ce matin-là. Avant même de prendre son café, il lâche à ses collègues :

« Hier j'ai lu une étude scientifique très intéressante... Elle a prouvé que se masturber deux fois par jour allongeait l'espérance de vie de 13 %. J'ai passé une partie de ma soirée à faire des calculs... Le résultat est sans appel : je suis immortel ! »

FAMILLE

C'est l'été et il fait très chaud à Oyonnax. Lucas dit à sa femme :

– Chérie, j'ai envie de prendre un bain de soleil tout nu sur le bord de la piscine. Tu crois que les voisins diront quelque chose ?

– Oui. Ils diront que je t'ai épousé pour ton argent.

PEUPLES

Un Français a accueilli pendant un mois sur la Côte d'Azur un ami écossais. Julien l'a hébergé, nourri, blanchi ; il lui a loué un transat et un parasol chaque jour au Palm Beach à Cannes ; il lui a loué un cabriolet pour ses promenades dans l'arrière-pays ; il l'a invité dans les restaurants les plus renommés et dans les boîtes de nuit les plus cotées. Il lui a même donné de quoi jouer au casino !

Enfin, le jour de son départ, il l'accompagne à l'aéroport et, comme ils sont en avance, ils prennent le verre de l'adieu. Comme le Français sort son porte-monnaie pour payer, l'Écossais l'arrête : « Pas question ! Tu m'as reçu royalement, et tu m'as absolument tout payé depuis un mois que je suis là. Alors, pour ce dernier verre, j'insiste ! On partage ! »

Procaféïner :

(verbe) Remettre une décision ou l'exécution d'une tâche après avoir bu un café.

ENTRE POTES

Mika retrouve des amis dans un bar. Ça fait un moment qu'ils ne se sont pas vus et les questions habituelles reviennent : « Et tu fais quoi dans la vie ? », « Qu'est-ce que tu deviens ? », « Comment va ta mère/ton frère/ton père/ta sœur ? »... C'est à ce moment que Mylène lui pose LA question fatale :

– Et alors Mika, t'as une petite nana dans ta vie ?

– Non, je suis célibataire par choix. Pas le mien, mais c'est un choix !

RELIGIONS

Deux Français sont dans un autobus et voient monter une bonne sœur en béquille avec une jambe dans le plâtre. Un des Français lui demande ce qu'il s'est passé.
Elle lui répond qu'elle a glissé en entrant dans son bain et s'est cassé la jambe.
Le Français se tourne alors vers son copain et lui demande :
- Dis, c'est quoi un bain ?
Et l'autre de répondre :
- Je ne sais pas, je ne suis pas catholique...

BOULOT

Après avoir raté son examen de droit, Jérémy demande à voir son professeur. Arrivé dans le bureau du prof, l'étudiant lui demande s'il a compris le sujet de son examen. Étonné, le professeur lui répond qu'il n'aurait jamais donné un sujet d'examen s'il ne le maîtrisait pas lui-même ! Jérémy ne se démonte pas : « Je vais vous poser une question. Si vous avez la réponse correcte, on en reste là et j'accepte mon échec à l'examen. Si vous ne trouvez pas la réponse, je valide mon semestre. » Le professeur hésite, mais finit par accepter. Jérémy se lance :

« Qu'est-ce qui n'est pas puni par la loi mais illogique, logique mais illégal et en plus, illogique autant qu'illégal ? »

Après mûre réflexion, le professeur ne trouve pas de réponse plausible. Il abandonne et, fair-play, valide le semestre de son étudiant. Contrarié, il pose quand même la question au meilleur de ses étudiants qui lui répond : « M. Bichaud, vous avez 65 ans et vous êtes marié à une femme qui a trente ans de moins que vous. C'est légal, mais illogique ! Votre femme a un amant qui a dix ans de moins qu'elle : c'est logique mais illégal. Vous avez validé le semestre de celui qui vous fait cocu alors que c'est un mauvais élève, ce qui est autant illogique qu'illégal ! »

PEUPLES

À la fin du XIXe siècle, une troupe shakespearienne de Londres fait une tournée aux États-Unis. Les grandes villes, New York, Philadelphie, Boston, San Francisco lui accordent un accueil triomphal. Puis c'est le Texas, pour trois représentations...

Lors de la première, on joue *Othello* devant un parterre de plusieurs centaines de cow-boys. Tout va bien jusqu'à la célèbre scène où Othello, aveuglé par la jalousie, étouffe Desdémone sous un coussin. Un cow-boy se lève et hurle :

« Eh ! Le négro ! Tape-la toi pendant qu'elle est encore chaude !... »

Tohu-bohu dans la salle, scandale sur la scène. On fait descendre le rideau. Le shérif vient présenter ses excuses, mais en vain. Le directeur est furieux :

« C'en est trop ! Amener le génie de Shakespeare à ces abrutis, c'est donner des perles aux pourceaux ! Nous repartons ! »

« Excusez-les, supplie le shérif. Il faut comprendre... Ils n'ont certes aucune culture, mais précisément, votre venue est une chance ; ils le comprendront plus tard. Ne renoncez pas aux deux dernières représentations. Je serai dans la salle, et je me porte garant qu'il n'y aura plus aucune anicroche. »
Convaincu, le directeur décide de jouer *Roméo et Juliette* le lendemain. La salle est toujours aussi comble, et le shérif est au premier rang, comme convenu. Tout se passe bien pendant l'acte I, jusqu'à la fameuse scène du balcon, où Roméo déclare à Juliette :
« Juliette, qu'y a-t-il de plus grand, de plus profond que mon amour ? »
À ce moment-là, le shérif bondit, revolver au poing, se retourne vers la salle en hurlant :
« Et le premier qui dit "Mon cul", je le descends ! »

FAMILLE

Lucas est en pleines courses de Noël avec sa maman. Pas de chance, ils ne trouvent pas le présent escompté dans ce magasin.

– M'man, tu veux pas qu'on achète un petit truc quand même ?

– Pourquoi on achèterait un petit truc si on n'a pas trouvé le cadeau que veut ta sœur ?

– Parce que j'aime pas prendre la sortie sans achat...

– ...

– Ouais, à chaque fois que je l'emprunte, je suis obligé de me répéter « Garde un air naturel, t'as rien fait » !

DEVINETTES

Qu'est-ce que les préliminaires pour un Juif ?

Solution

Deux heures de marchandage.

Que fait un rabbin lorsqu'il est aux sports d'hiver ?

Un shalom géant !

Deux mères juives se rencontrent :

- Que deviens-tu ?

- C'est terrible, ma belle-fille menace mon fils de le quitter si je continue à lui faire des remarques.

- C'est terrible !

- Oh, oui, elle me manquera beaucoup !

PEUPLES

C'est la rentrée des classes dans cette école de Tel-Aviv et l'institutrice fait la connaissance des nouveaux élèves :

- Toi, quel est ton nom ?
- Cohen.
- Et toi, comment t'appelles-tu ?
- Lévy.
- Et toi ?
- Benchimol.
- Et toi ?
- Durand.

Et, du fond de la classe, on entend un élève qui marmonne :

- Ah, ces Durand ! Ils sont partout !

Le petit Simon rentre chez lui, tout content, et dit à son père :

- Papa, tu sais, j'ai gagné 1 euro aujourd'hui...
- Ah oui ? Comment t'as fait ?
- J'ai couru après l'autobus. Et au moment de le rattraper, au lieu de le prendre, j'ai couru jusqu'au bout !
- Petit idiot ! Si tu avais couru après un taxi, tu aurais gagné dix fois plus...

PEUPLES

Comment appelle-t-on un Français avec un QI de 100 ?

Un village.

PEUPLES

Ça y est ! Jacob a trouvé la femme de sa vie et a décidé de l'épouser – mais évidemment en demandant l'avis de sa mère.

– Bien sûr, mon fils...
– Et bien samedi je viendrai avec trois filles, et l'une d'elles sera celle que j'ai choisie ; et toi tu devras deviner laquelle...
Le jour du chabbat, Jacob amène trois magnifiques filles, intelligentes et bien élevées, et le repas se passe à merveille. Lorsqu'il se retrouve seul avec sa mère, il lui demande laquelle serait, à son avis, sa future épouse.
– Je crois que ça doit être celle qui avait une robe bleue...
– Magnifique, maman ! Comment as-tu deviné ?
– Ma foi, je ne sais pas... c'est la seule qui ne me plaît pas.

BOULOT

Robert, électricien, pousse les portes de l'hôpital et cherche le service pour lequel on l'a appelé ce matin : celui des soins intensifs. Tous les patients sont encombrés d'appareils, branchés de partout. Il entre dans le service et crie : « Attention, inspirez profondément, le temps que je change le fusible ! »

DEVINETTES

Qu'est-ce qui a une paire d'yeux et 140 dents ?

Solution

Un crocodile !

Qu'est-ce qui a 140 yeux et une paire de dents ?

Solution

Un car rempli de personnes âgées !

COUPLE

Geneviève est assise dans le bureau de l'avocat, bouleversée. Le défenseur de la loi lui demande : « Remplissons le dossier. Tout d'abord, pour quel motif avez-vous demandé le divorce ? »

Geneviève répond, sans hésitation : « Mon époux me traite comme un chien, c'est épouvantable. »

Habitué, l'avocat rétorque : « Dites-moi tout… Il vous bat ? Il vous enferme ? »

« Non, pas du tout ! Il m'a demandé d'être fidèle ! »

COUPLE

Annette et Francisco ont décidé de confier leur ferme à leurs enfants le temps d'un week-end à Paris. C'est la première fois qu'ils quittent leur province pour faire du tourisme dans la capitale. Ils décident de monter dans un bus pour ne pas trop se fatiguer.
Le bus marque un premier arrêt : « Victor Hugo ! » annonce le chauffeur. Un homme descend du bus.
Quelques minutes plus tard, le véhicule marque un deuxième arrêt : « Charles de Gaulle ! » Un autre passager descend.
Au troisième arrêt, alors que le chauffeur annonce : « George V » et qu'un nouvel homme descend, Annette s'énerve.
« Minou ! T'as pas donné ton nom, on va pas savoir où descendre ! »

PEUPLES

Deux diplomates discutent. Le Français explique à son collègue chinois :
- Nous avons un dicton en France : « Plus on est de fous, plus on rit. »
Le Chinois rétorque :
- Comme c'est curieux ! Chez nous, on dit « Plus on est de fous, moins il y a de riz ! »

ENFANTS

Vous inquiétez pas :
la vitamine C...

mais elle ne dira
rien !

ENTRE POTES

Lucas va aux toilettes dans un bar. Les premières sont occupées et il entre dans les deuxièmes. À peine se met-il sur la cuvette qu'il entend :
« Salut ! Comment ça va ? »
Surpris, il se dit que c'est un drôle d'endroit pour se lier d'amitié avec quelqu'un, mais bon, on ne choisit pas...
– Euh... Ça va, dit-il, embarrassé.
– Qu'est-ce que tu fais de beau ?
– Ben, je fais comme toi... caca...
Et là, il entend :
– Écoute, je te rappelle plus tard, il y a un con à côté qui répond à toutes mes questions !

COUPLE

Jo regarde les infos avec sa femme. Encore une histoire de kamikaze qui s'est faite exploser sur une place publique... Alors en froid avec son épouse pour une sombre histoire de biberon pas assez chaud, il lui dit :

– J'suis bien content que tu sois pas une kamikaze toi...

– Et pourquoi donc ?

– Déjà que tes bouderies sont sans fin, là ce serait encore plus compliqué de recoller les morceaux !

FAMILLE

Les types de crottes

LA CROTTE FANTÔME : c'est celle que tu sens sortir, que tu vois sur le papier mais pas dans la cuvette...

LA CROTTE PROPRE : c'est celle qui sort, que tu vois dans la cuvette mais pas sur le papier...

LA CROTTE ÉTERNELLE : tu t'essuies, tu t'essuies, tu t'essuies... Mais il en reste toujours sur le papier. Tu décides alors de remonter ton pantalon et de mettre une feuille de papier dans le caleçon pour éviter les traces de freinage...

LA CROTTE 2 : le retour de la revanche de la suite qui contre-attaque. Tu as fini mais quand tu remontes ton pantalon tu t'aperçois qu'il faut que tu chies encore un peu…

LA CROTTE QUI TE FAIT POUSSER UNE VEINE SUR LE FRONT : c'est celle qui te fait forcer tellement fort que tu as peur de la crise cardiaque…

LE BILLOT : c'est celui qui est tellement gros que tu as peur de le casser en tirant la chasse. Tu es surpris mais fier que cela vienne de toi…

LA CROTTE QUI RESTE : tu veux chier, tu sens qu'elle est proche, mais tout ce que tu as ce sont des crampes et des pets…

LE BOUT DE LA CROTTE : c'est celle qui fait tellement mal que tu jurerais qu'elle sort de travers...

LA SPLASHEUSE : c'est celle qui sort avec tellement de vitesse ou qui est tellement lourde qu'elle t'éclabousse le cul...

LA CROTTE DU LENDEMAIN DE FÊTE (ou CROTTE AU NAPALM) : c'est le liquide jaune brun qui éclabousse toute la cuvette et qui te brûle le cul...

LA CROTTE DE LAPIN : ce sont les toutes petites boules. Certaines coulent d'autres flottent...

LA CROTTE SURPRISE : tu penses que tu vas péter, mais tu réalises que tu vas chier et c'est déjà trop tard...

LA CROTTE TIME OUT : c'est quand tu es en train de faire une bonne crotte dans les toilettes publiques et que tu dois t'arrêter car tu ne veux pas que la personne d'à côté t'entende...

LA BRUYANTE : c'est tellement bruyant que tout le monde autour rigole...

LA MEXICAINE : elle sent tellement fort qu'elle te pique le nez...

LA CROTTE SAUT À L'ÉLASTIQUE : celle qui refuse de tomber bien que tu saches qu'elle est sortie. Tu espères qu'en te secouant le derrière elle va se décrocher...

ENTRE POTES

C'est un homme, sur la plage, qui ne comprend pas pourquoi il n'intéresse aucune fille, alors que son copain a un succès fou. Son ami lui explique :

« J'ai un truc : je mets une pomme de terre dans mon slip, elles adorent ça ! »

Alors, l'homme suit le conseil de son copain et en fait autant, mais, alors qu'avant les filles se contentaient d'être indifférentes, maintenant elles partent en courant.

Alors le copain le rattrape et lui souffle à l'oreille :

« De l'autre côté du maillot, la patate ! »

ENTRE POTES

Dans un bar, un mec complètement bourré demande au barman les toilettes, qui les lui indique par : « Au fond, à gauche puis à droite. » Le gars s'y rend, ouvre la porte et là, stupéfaction, il voit des chiottes en OR ! Le plaisir est à son comble et le gars décide d'y mettre le paquet...
Le lendemain, l'ivrogne rencontre un de ses potes et lui raconte qu'il a chié dans des chiottes en or en lui précisant où se trouve le café. Le copain n'y croit pas trop mais décide de se rendre dans ce bar pour vérifier. Arrivé devant le barman, il demande :
« Où sont vos chiottes en or ? »
Le barman tournant son regard de l'autre côté du bar :
« Eh, Raymond ! J'ai trouvé celui qui a chié dans ton saxo hier soir. »

COUPLE

Michel a franchi un grand pas hier soir. Il ne peut donc pas s'empêcher de retrouver ses vieux copains au bar d'à côté. Après avoir payé sa tournée, il se lance :

– Il faut que je vous raconte quelque chose de dingue ! Hier soir, je suis allé aux prostituées pour la première fois de ma vie en 45 années de mariage... Je lui ai donné la somme qu'elle m'a demandée. Elle m'a alors dit qu'elle me ferait ce que ma femme ne m'a jamais donné.

– Oh là là... Qu'est-ce que tu as dû apprécier ce moment !

– Ah si tu savais... Je lui ai demandé de s'asseoir sur sa chaise et de se taire pendant une heure !

ENTRE POTES

À la sortie d'un supermarché, Laurent, toujours prêt à aider son prochain, voit un homme au loin qui ploie sous le poids de sa télé. Il marche rapidement dans sa direction et lui crie :

– Ne bougez plus monsieur : je viens vous aider à porter votre télé !

– Je suis un nain et c'est un iPad, abruti !

SOUS LA COUETTE

Deux amies en vacances au Club Med, au Sénégal, se font leurs confidences.

– Figure-toi, dit l'une, qu'hier soir, en me promenant sur la plage après dîner, je suis tombée sur deux Noirs complètement nus avec des sexes énormes ! Je crois que je n'ai jamais couru aussi vite de ma vie !

– Et alors ? fait sa copine.

– Alors, je n'ai pas réussi à les rattraper...

ENFANTS

Aujourd'hui Hugo arrive en retard à l'école :
- Hugo ? Peux-tu m'expliquer pourquoi tu arrives si tard ?! demande la maîtresse.
- Et bien je rêvais que j'étais à un match de foot…
- Et alors ?
- Et bien, il y a eu des prolongations.

DOCTEUR

Une blonde se rend chez son médecin :

– Vous avez les résultats de mon scanner de la tête ?

– Oui, mademoiselle. J'ai une très bonne nouvelle à vous annoncer : vous avez un cerveau sur la tumeur !

COUPLE

Une jeune fille en mini-jupe monte dans un bus et attire tous les regards... Une femme dit à son mari assis à côté d'elle :

– Tu ne trouves pas ça honteux ?

– Quoi donc ? demande le mari.

– Tous ces hommes qui ont reluqué les fesses de cette fille lorsqu'elle est montée dans le bus ?

– Quel bus ?

ENTRE POTES

Quentin a encore trop bu ce soir. Comme d'habitude, il se lance dans de grands débats « philosophiques » à destination de ses amis :

– Les gars, le plus important dans la vie, c'est de reconnaître ses erreurs ! Par exemple, en venant ici j'ai croisé mon ex. Ben je l'ai reconnue !

SOUS LA COUETTE

Envie d'une soirée torride avec un développeur chaud et prêt à tout ?

Envoie 10010010 au 10101001.

COUPLE

Tiana appelle sa meilleure amie :

– J'en ai marre des hommes ! Tous des cons !

– Euh… Tu m'expliques pourquoi tu m'appelles pour me dire ça ?

– Non mais rends-toi compte : hier, Alex il a… Ah ! Attends, j'ai reçu un texto !

– …

– Non ben c'est bon, fausse alerte ! Alex vient de m'écrire… Allez, bonne journée ! Bisous !

ENFANTS

Maman ! Maman ! Papa m'a dit que t'avais trop d'la chance grâce à moi !

– Et il t'a expliqué pourquoi il disait ça ?

– Ben oui ! Grâce à moi, à chaque fête des mères, t'as le cou bordé de nouilles !

DOCTEUR

Un homme se rend chez son médecin :

- Malheureusement, cher monsieur, il ne vous reste plus longtemps à vivre. Il faut dire que vous n'avez jamais mené une vie saine…

- C'est vrai… Et si j'arrête l'alcool, la cigarette, les femmes et le jeu, est-ce que je vivrais plus longtemps ?

- Non. Mais la vie vous semblera plus longue…

DEVINETTES

Saviez-vous qu'il était impossible de respirer rapidement si on a la langue dehors au même moment ?

Solution

C'est bien, bon chien ! Donne la papatte maintenant !

PEUPLES

Déclaration des droits de l'homme 2016 : « Tous les hommes naissent et demeurent libres et égaux en droits. »*

*Offre soumise à conditions

SOUS LA COUETTE

Les jeunes recrues, nues comme des vers, passent à tour de rôle devant le médecin, quand tous les regards se tournent vers Francky qui possède un si petit zizi qu'il provoque hilarité et moquerie générales. Vexé, celui-ci se retourne et dit :
« Ben quoi ! On n'a plus le droit de bander... ? »

DEVINETTES

Qu'est-ce qu'un homme avec une mitraillette dans un champ de blé ?

Solution

Un céréales killer !

SOUS LA COUETTE

Après les abus des fêtes de fin d'année, Julie et Hector ont décidé de se remettre au sport ensemble. Et tant pis si on est en plein mois de janvier et qu'il y a de la neige partout ! En passant devant le parc des Buttes-Chaumont, Julie lui dit :

– Viens on s'arrête dans un fourré et je te fais une petite gâterie... Ça nous réchauffera !

– Euh non, pas ce matin, merci !

– Aaaaah... Tu as peur d'avoir une trop petite quéquette à cause du froid ?

– Non. J'ai peur que tu claques des dents !

DEVINETTES

COMMENT APPELLE-T-ON UN ÉTHIOPIEN QUI VA AUX TOILETTES ?

Solution

Un crâneur !

FAMILLE

Lucas vient d'avoir une illumination et ne peut s'empêcher d'en faire profiter toute sa famille :

– Heureusement qu'aucun basketteur ne s'est jamais appelé Yoplait !

– ...

– Ben ouais ! Imaginez ce que diraient les commentateurs : « Encore un magnifique panier de Yoplait ! »

FAMILLE

Il m'arrive de regarder
mes enfants et de me
demander ce que je
ferais sans eux...
Et puis je pleure.
Je ferais tellement
de choses sans eux !

FAMILLE

Les dix commandements des W.-C.

1. Le siège des W.-C. n'est pas un tandem : veuillez donc ne pénétrer dans les lieux qu'une seule personne à la fois.

2. Avant toute utilisation, ayez l'amabilité de fermer la porte et de soulever le couvercle de la cuvette.

3. Vous n'êtes pas ici pour un jeu de hasard : n'opérez donc jamais dans le noir même pour économiser l'électricité.

4. Évitez de vous servir de la cuvette pour vous laver les pieds ou vous faire un shampoing à moins de le vouloir colorant.

5. La balayette n'est ni une brosse ni un gratte-dos.

6. Relaxez-vous et lisez calmement pendant l'ouvrage, mais veillez à ne pas vous assoupir : le siège n'est pas éjectable.

7. Même si vous écrivez lisiblement et que vous prétendez être drôle et spirituel, n'étalez pas votre prose sur les murs.

8. Dans votre « propre » intérêt, n'utilisez pas le papier-toilette recto-verso, cela ne porte pas forcément bonheur.

9. Pour couvrir les bruits parasites, vous pouvez siffler ou chantonner, mais évitez les cris de triomphe et n'actionnez pas la chasse d'eau sans arrêt.

10. Prenez connaissance du numéro de téléphone des sapeurs-pompiers (inondations, réanimations...).

La vulgarité a ses raisons que la raison s'en bat les couilles.

ENFANTS

Un petit garçon demande à sa mère :

Dis maman, papa tu l'as rencontré comment ?

- J'avais mis une petite annonce dans le journal.
- Elle t'a coûtée combien ?
- Environ 15 euros. Pourquoi ?
- C'est sûr que pour ce prix-là, tu pouvais pas trouver grand-chose.

COUPLE

Ma copine m'a dit :
« Je me maquille,
j'en ai pour cinq
minutes chéri. »
Du coup, j'ai maté
tous les *Star Wars* !

ENTRE POTES

Lucas a décidé de se faire un resto avec son pote Ariel pour son anniversaire. Le gâteau arrive. Lucas souffle les bougies et on lui propose de couper son gâteau. Il le sépare en deux parts inégales et s'empare de la plus grosse des deux. Ariel s'offusque :

– Mais tu fais n'importe quoi mon pote ! T'es vraiment impoli !

– Ah ouais ? Et t'aurais fait quoi à ma place ?

– Ben j'aurais pris la plus petite part !

– Alors pourquoi tu t'énerves ? Tu l'as la plus petite part !

DEVINETTES

Vous connaissez la différence entre un sanglier de 150 kilos et une femme du même poids ?

Solution

Le sanglier, quand vous l'avez tiré, vous en êtes fier !

SOUS LA COUETTE

Victor fait la queue au supermarché quand il croise le regard d'une jolie blonde. Son visage lui dit quelque chose, mais il n'arrive pas à se souvenir pourquoi. Il s'approche, lui dit bonjour et demande s'ils se connaissent.

La blonde lui sourit et lui répond : « Il me semble que vous êtes le père d'un de mes gamins, non ? »

Victor retrouve immédiatement la mémoire et repense à la seule fois où il a trompé sa femme : « Ah oui ! C'est vous la gogo danseuse avec qui j'ai couché pendant que mon meilleur pote me mettait la queue de billard dans le... »

La blonde lui coupe la parole : « Non, je suis la prof de maths de votre fils ! »

ENTRE POTES

Lors de la première d'un grand classique de boulevard dans un théâtre parisien, Jean Marais souhaite, incognito, tâter l'ambiance et les réactions des spectateurs...

Lors de l'entracte, il se rend aux urinoirs et, tandis qu'il se soulage, il aborde la conversation avec son voisin d'urinoir :

– Belle pièce, n'est-ce pas ?

– Merci de regarder devant vous !

ENTRE POTES

À Moscou, après de longues années d'économies, un homme réussit enfin à s'acheter une petite voiture. Quand il a fini de signer tous les papiers, le vendeur lui dit :
— C'est parfait. On vous la livrera le 24 octobre 2021.
— Le matin ou l'après-midi ? interroge le client. Je vous demande ça, parce que le matin on vient me réparer mon lave-linge...

COUPLE

Un homme se trouve dans le coma depuis un certain temps. Son épouse, attentive, est à son chevet jour et nuit.
Un jour, l'homme se réveille. Il fait signe à son épouse de s'approcher, et lui chuchote :
– Durant tous ces malheurs tu étais à mes côtés : lorsque j'ai été licencié, tu étais là pour moi, lorsque mon entreprise a fait faillite, tu m'as soutenu, lorsque nous avons perdu la maison, tu es restée près de moi et lorsque j'ai eu des problèmes de santé, tu étais toujours et encore à mes côtés. Tu sais quoi ?
Les larmes aux yeux, sa femme lui chuchote :
– Quoi donc, mon chéri ?
– Je crois que tu me portes la poisse, connasse !

PEUPLES

C'est l'histoire d'un pauvre russe qui arrive au goulag. Le gardien l'accueille en souriant...

– Camarade, tu n'es pas ici pour faire la fête. D'après ton dossier, tu es ici pour 50 ans, quelle en est la raison ?

– Ben, camarade gardien, j'ai dit que Staline était un crétin.

– Et cela vaut 50 ans ?

– Ben 10 ans pour insulte envers le Kremlin, 10 ans pour insulte envers la mère patrie, 15 ans pour insulte envers Staline, et 15 ans pour avoir divulgué un secret d'État.

DOCTEUR

Juliette a décidé de se rendre dans un drôle de groupe ce soir.

- Bienvenue Juliette au club des blagues de merde anonymes. Qu'est-ce qui vous amène ?
- Le métro.
- Ah... Et bien, je vous en prie : prenez une chaise et installez-vous !

PEUPLES

Aujourd'hui, grosse réunion politique. Les esprits s'échauffent. Angela Merkel hausse le ton, ouvre son chemisier et pose ses seins sur le bureau : « Regardez-les bien ! Mes seins sont comme l'Allemagne : INTOUCHABLES ! » David Cameron décide de répliquer à la hauteur de l'attaque. Il baisse son pantalon, montre ses fesses, les pose sur le bureau et annonce : « Regardez-les bien ! Mes fesses sont comme l'Angleterre : IMPÉNÉTRABLES ! » François Hollande ne veut pas rester hors du débat, il ouvre sa braguette, sort son sexe et le pose sur la table : « Regardez-le bien ! Mon sexe est comme la France : IL NE SE REDRESSERA JAMAIS ! »

BOULOT

Un vieil homme sent approcher sa dernière heure et désire s'occuper de son propre enterrement. Il va donc s'informer sur les modèles de cercueil.

– Bien sûr, monsieur, fait l'employé des pompes funèbres. Je vais vous présenter les différents modèles que nous avons.

Le vieux les examine attentivement, puis demande :

– Je ne vois pas tellement de différence entre le modèle à 1500 euros et celui à 700 euros...

– Ah ! vraiment ? dit l'employé pincé. Eh bien, entrez dans le modèle à 700 euros et essayez d'écarter les coudes !

SOUS LA COUETTE

Gérard a retrouvé sa vieille bande de potes. Il ne peut s'empêcher de se faire remarquer une fois encore :

– Mon sexe s'appelle la vie, car la vie est dure. Et c'est pas ma femme qui dira le contraire. N'est-ce pas Valou ?

– Oui... mais la vie est bien courte !

BOULOT

Jeudi, 18h.
Amel demande à sa chef :
– Si j'avale une pilule du lendemain, là tout de suite, ça veut dire que je suis en week-end ?

PEUPLES

Je suis vulgaire, intolérant et aigri. Mais comme je suis français, en fait, je suis juste normal.

COUPLE

Un couple très âgé se présente devant le juge des conciliations.

– Nous voulons divorcer.

– Quel âge avez-vous, monsieur ? demande le magistrat.

– Quatre-vingt-seize ans...

– Et vous, madame ?

– Quatre-vingt-quatorze ans...

– Depuis combien de temps êtes-vous mariés ?

– Soixante-dix ans !

– Et il vous a fallu soixante-dix ans pour vous rendre compte que vous ne pouviez plus vivre ensemble ?

– Non, mais on a voulu attendre que les enfants soient morts...

BOULOT

Dans la vie, il y a deux choses qui m'énervent plus que tout :

- La jalousie ;
- Les gros cons qui postent des photos de leurs vacances sur les réseaux sociaux pendant que je m'emmerde au boulot.

SOUS LA COUETTE

Une jeune femme très libérée se promène toute nue. Elle pousse la porte d'un bar.
« Bonsoir, je peux avoir une vodka s'il vous plaît ? »
Le serveur la regarde mais ne bouge pas.
« C'est la première fois que vous voyez une fille à poil ?
– Non !
– Alors pourquoi vous me regardez comme ça ?
– J'étais en train de me demander d'où vous alliez sortir l'argent pour payer votre verre ! »

DEVINETTES

QU'EST-CE QU'UN HOMME AVEC DE LA MERDE AU CUL ?

Solution

Un sans-papiers.

- Je vais acheter cette toile, dit le client au peintre.
- C'est une affaire, Monsieur. J'y ai passé dix ans de ma vie.
- Dix ans ? Quel travail !
- Eh oui : deux jours pour la peindre et le reste pour réussir à la vendre !

DEVINETTES

Pourquoi les moutons se brossent-ils les dents ?

Solution

C'est pour garder la laine fraîche !

DEVINETTES

Pourquoi y a-t-il plus de baptêmes en Corse que de mariages ?

Solution

Parce qu'il est plus facile de trouver des parrains que des témoins !

DEVINETTES

Pourquoi les Italiens portent-ils des chaînes en or ?

Pour savoir où s'arrêter quand ils se rasent.

DEVINETTES

COMMENT LA POLICE FAIT-ELLE POUR DISPERSER UNE MANIFESTATION EN ÉCOSSE ?

Solution

Elle fait la quête !

COUPLE

Alors qu'il finit sa bière accoudé au bar du village, Francisco appelle sa femme :

– Allo. Oui, c'est moi. Fais chauffer l'eau, j'arrive !

Son beau-frère, admiratif, lui lance :

– T'as raison, c'est comme ça qu'il faut parler à nos femmes. Tu donnes un ordre, elle se tait, s'exécute et tu raccroches.

– Ben ouais, t'as quand même pas cru que j'allais faire la vaisselle à l'eau froide ?

Quand j'étais enfant, un génie est venu à moi et m'a proposé un dilemme : j'ai dû choisir entre avoir une mémoire d'éléphant ou un sexe d'éléphant ! Comme un con, j'ai oublié ce que j'ai choisi...

RELIGIONS

Le petit David demande à son papa :

– Papa, je suis juif ou arabe ?

– Un peu des deux, mon fils. Je suis juif et ta mère est arabe, un peu des deux... Pourquoi ?

– Parce qu'il y a une mobylette en bas de l'immeuble et j'hésite entre la voler et la vendre...

ENTRE POTES

Un homme rentre dans un bistrot. Il est tout égratigné sur la figure, les bras, les jambes... Ses copains lui demandent ce qui lui est arrivé.
Le gars répond :
– Je viens d'enterrer ma belle-mère !
Les autres lui demandent :
– Quel est le rapport avec tes égratignures ?
Le gars répond :
– Mais c'est qu'elle ne voulait pas !

DEVINETTES

Quelle est la différence entre un pitbull et une belle-mère ?

Solution

Le rouge à lèvres !

RELIGIONS

Le prêtre de Nurieux est bien embêté : ça fait une semaine qu'un âne est mort devant la porte de l'église. À contrecœur, il finit par appeler le maire de la commune :

– Monsieur le maire, ça fait une semaine que la carcasse d'un âne mort est devant mon église.

Le maire, qui n'apprécie guère le religieux, lui répond :

–Je croyais que c'était au Seigneur de s'occuper des morts...

– Bien sûr, mais je trouvais normal de prévenir la famille d'abord !

ENTRE POTES

La question que se posaient Georges et Bertrand, arrivés maintenant au crépuscule de leur vie, n'était pas de savoir s'il y avait une vie après la mort, ça, ils s'en fichaient, mais bien de savoir s'il y avait du foot après la mort.
Ils avaient commencé tout gamins à taper dans le ballon, avaient rejoint ensemble leur premier club corporatif et avaient même créé le club des supporters de l'équipe de la ville... Ils adoraient le foot !
Un jour, ils signèrent un pacte :
– Le premier qui mourra devra révéler à l'autre ce qu'est le foot après la mort...
Georges fut le premier à passer de vie à trépas mais, fidèle à ce pacte, il parvint depuis l'au-delà à rentrer en communication avec son ami Bertrand resté sur terre.
– Bertrand... J'ai une bonne et une mauvaise nouvelle pour toi. La bonne nouvelle, c'est que tout le monde joue au foot, ici au paradis. D'ailleurs, j'ai un match dimanche...
Il marqua un temps arrêt et reprit :
– La mauvaise... c'est que tu joues avant-centre !

FAMILLE

Le petit Marley interroge son père sur la mort :
- Papa, où est-ce qu'on va, quand on est mort ?
- Eh bien, les gens qui ont été méchants vont en enfer, où le Diable les brûle dans de grands feux, où on les torture cruellement jusqu'à la fin des temps...
Mais Maïté, la mère, qui était dans la cuisine, a entendu et intervient :
- Non mais ça va pas de dire de pareilles horreurs à cet enfant ? N'écoute pas, Marley ! En fait, quand on est mort, on te met dans une boîte en bois qu'on enterre, puis ton corps pourrit et sent très mauvais, et les vers viennent te manger...

RELIGIONS

Un prêtre frappe à la porte. Le petit Quentin ouvre.
Le religieux annonce :
– Je suis venu vous apporter la clarté et la lumière mon enfant.
Quentin appelle sa mère :
– Maman, c'est pour toi, c'est EDF !

Une blonde entre dans un magasin pour acheter un téléphone portable. Elle semble déroutée devant les différents téléphones et les offres commerciales des opérateurs. Un vendeur s'approche d'elle et lui demande :

- SFR ?

- Non, mais elle va apprendre...

ENTRE POTES

Emma arrive à la fac. L'un de ses camarades lui lance :

– Ah mais il est trop moche ton pull !

– Ouais, mais contrairement à ta gueule, je peux l'enlever !

DOCTEUR

Marguerite se rend chez son médecin traitant :

- Docteur, c'est horrible : j'ai des trous de mémoire !
- Et depuis quand ?
- Depuis quand, quoi ?

COUPLE

Henri aime secrètement une veuve qui fréquente le même club d'activités que lui. Un jour, il décide de tenter sa chance : il lui propose de l'épouser. Josépha lui répond oui sans réfléchir, heureuse qu'il ait enfin déclaré sa flamme !
Le lendemain, Henri téléphone à Josépha :
– Ma douce, c'est Henri. Je suis très embarrassé... Hier je vous ai demandé en mariage, mais je ne me souviens plus de votre réponse !
– Henri ! Quel plaisir de vous entendre ! Je me souvenais avoir dit oui, mais je ne savais plus à qui !

ENTRE POTES

Lucas et Ariel sont en plein cambriolage quand ils entendent la sirène de la police. Ils se penchent par la fenêtre et voient que les forces de l'ordre sont vraiment très proches...

- Qu'est-ce qu'on fait ?
- Sautons par la fenêtre !
- Mais on est au 13e étage, mec !
- Tu crois vraiment que c'est le moment d'être superstitieux ?

ENFANTS

Julie demande à Sarah si elle a reçu son bulletin scolaire. Sarah répond :

- Oui, il ressemble à un oignon.
- C'est-à-dire ?
- D'abord tu l'ouvres, après tu pleures.

ENFANTS

Jean-Jacques fait la morale à son petit-fils, pas très travailleur :
- Tu vois, moi, toute ma vie j'ai eu des ampoules dans les mains.
- Tu faisais un travail manuel ?
- J'étais vendeur au rayon électricité.

SOUS LA COUETTE

Romain discute avec son meilleur ami.
– Quand je fais l'amour à ma copine, je n'arrive pas à me donner à 100 %.
– C'est simple, il suffit de se mettre sur son 31 pour faire un 69 !

COUPLE

Michel se vante auprès de sa femme :
- Moi, je sais reconnaître le sexe des mouches !
- Ah bon ? Comment tu fais ?
- C'est simple : les mâles tombent dans ma bière, les femelles se posent sur mon portefeuille !

Au bout d'un an, j'ai cumulé 1 555 points sur ma carte de fidélité Carrefour, ce qui me fait 5 euros de réduction sur un minimum d'achat de 150 euros. Vous voyez, la roue finit toujours par tourner !

Je viens de jeter un œil à mon compte en banque. J'espère que je n'aurai pas trop faim dans les prochains mois...

BOULOT

Ce matin, un des employés de M. Petiot arrive avec une grosse heure de retard :

– J'espère que vous avez une bonne excuse !

– Oui M. Petiot, c'est que... je vais être papa !

– Félicitations ! Une fille ou un garçon ?

– Je vous dirai ça dans neuf mois.

BOULOT

Un employé des postes à Bastia se plaint à son ami :

- Avec le chef que j'ai au bureau, impossible de dormir pendant le travail !
- Pourquoi, il te surveille ?
- Eh non, il ronfle !

COUPLE

Une sérieuse étude scientifique l'a récemment prouvé : 64 % des valises appartenant à des femmes sont composées de "On sait jamais".

QUEL EST LE DESSERT PRÉFÉRÉ DE BOB MARLEY ?

Solution

Le millefeuille !

ENTRE POTES

Abel rencontre son frère, et lui demande :

- Comment ça va, Caïn ?

- Caha ! répond l'autre.

DOCTEUR

Le médecin :

- Vous êtes solide comme un roc, croyez-moi, vous enterrerez votre femme, vos enfants et tous vos amis.

Le malade :

- Vous dites ça pour me faire plaisir ?

Léa sonne chez sa voisine :
– Michelle, tu es malade ? J'ai vu qu'un docteur sortait de chez toi ce matin...
– Quand le militaire est sorti de chez toi hier soir, je ne t'ai pas demandé si tu étais en guerre, si ?

ENFANTS

Le Petit Chaperon rouge se rend à travers la forêt apporter une galette et un petit pot de beurre à sa grand-mère malade. Chemin faisant, elle aperçoit le grand méchant loup caché derrière un buisson. Elle s'approche doucement derrière lui et lui hurle aux oreilles :

– Oh ! Loup ! Comme vous avez de grandes oreilles !

Le loup, surpris, sursaute et s'enfuit dans la forêt. Le Petit Chaperon rouge continue son chemin quand elle voit de nouveau le loup tapi derrière un arbre. Sans faire de bruit, elle se glisse derrière lui et lui crie :

– Loup ! Comme vous avez de grands yeux !

Le loup saute en l'air et prend ses jambes à son cou.

Le Petit Chaperon rouge, un peu surprise de sa réaction, continue sa promenade.
Juste avant d'arriver chez sa grand-mère, elle repère les oreilles du loup derrière une botte de foin. Elle s'approche de lui en lui criant :
- Eh, le loup ! Comme vous avez de grandes dents !
N'y tenant plus, le loup sort de sa cachette et lui crie :
- Dis, Chaperon rouge, tu pourrais pas me laisser chier tranquille !

ENTRE POTES

Simon, complètement saoul, marche tant bien que mal dans les rues de Paris. Il avance, un pied sur le trottoir et l'autre dans le caniveau... Voyant cet homme tituber ainsi, Juju l'interpelle :

- Monsieur ! Vous rentrez chez vous ? Je crois que vous êtes saoul...

- Ouf ! fait le type. Vous me soulagez, je pensais que je boitais !

FAMILLE

Lucas reçoit un drôle de texto de son père : « Nez. » Puis, quelques secondes plus tard, un deuxième texto : « J'ai réussi à écrire "nez" avec mon nez. »
Le paternel recevra pour toute réponse « Bite. »

FAMILLE

Marie-Antoinette, dévastée par tous ces attentats, a une idée révolutionnaire qu'elle partage à table, en famille :

- On devrait tous vivre tout nus !
- Pardon ?
- Ben ouais ! Si on vivait tout nus, les kamikazes seraient bien embêtés pour cacher leurs ceintures d'explosifs !

ENFANTS

Les perles de l'école primaire :

1. Soit la phrase : « le voleur a volé les pommes ». Où est le sujet ?
– En prison.

2. Quel est le futur de « je baille » ?
– Je dors.

3. Qu'est-ce que de l'eau potable ?
– C'est celle que l'on peut mettre dans un pot sur la table.

4. Qu'est-ce qu'un oiseau migrateur ?
– C'est celui qui ne peut se gratter que la moitié du dos.

5. Quoi faire la nuit pour éviter les moustiques ?
– Il faut dormir avec un mousquetaire.

6. À quoi sert la peau de la vache ?
– Elle sert à garder la vache ensemble.

7. Pourquoi le chat a-t-il quatre pattes ?
– Les deux de devant sont pour courir, les deux de derrière pour freiner.

8. Quand dit-on « chevaux » ?
– Quand il y a plusieurs chevals.

9. Qui a été le premier colon en Amérique ?
– Christophe.

10. Complétez les phrases suivantes :

a) À la fin, les soldats en ont assez...

– d'être tués.

b) Je me réveille et à ma grande surprise...

– je suis encore vivant.

c) La nuit tombée...

– le renard s'approcha à pas de loup.

11. L'institutrice demande :
« Quand je dis "je suis belle" quel temps est-ce ? »

– Le passé, madame.

12. Pourquoi les requins vivent-ils dans l'eau salée ?

– Parce que dans l'eau poivrée, ils tousseraient tout le temps.

ENTRE POTES

Serge se réveille et voit un ours accroché à un poteau, dans son jardin. Il appelle un spécialiste, sans cacher sa panique. Une demi-heure plus tard, le sauveur est là, avec un chien et un fusil de chasse. Il explique :

– Voilà comment on va procéder : je vais monter en haut du poteau, je vais pousser l'ours. Dès qu'il est tombé, le chien va se jeter sur lui. Il va lui mordre les testicules, puis ce sera fini.

– Et le fusil de chasse, c'est pour quoi faire ?

– Si je tombe, il faut tirer sur le chien !

SOUS LA COUETTE

Martine et son mari regardent une émission sérieuse parlant de psychologie. Soudain, il prend la télécommande et enlève le son :

– Martine, j'ai une question piège pour toi. Est-ce qu'en une seule phrase, tu pourrais me dire quelque chose qui me rendrait autant joyeux que triste ?

– Facile ! Ton sexe est bien plus gros que celui de tous tes amis !

PEUPLES

Dans la campagne anglaise, deux Rolls se retrouvent face à face au beau milieu d'un pont à une voie. Cinq minutes s'écoulent et aucune des deux ne recule. C'est alors que l'un des chauffeurs descend de son véhicule, s'approche lentement de celui qui est en face, ôte sa casquette et se penche vers son collègue :

- *Excuse me.* Auriez-vous l'obligeance de m'accompagner un instant jusqu'à ma voiture ?

- Bien volontiers, répond l'autre.

Et ils se dirigent vers la première Rolls dont le chauffeur ouvre cérémonieusement la portière arrière.

J'ai le privilège de conduire, comme vous pouvez le constater, la duchesse de Kent et sa fille. Auriez-vous l'amabilité de me céder le passage ?
- Accepteriez-vous, à votre tour, de m'accompagner un instant jusqu'à ma voiture ?
- Mais certainement. Ils repartent dans l'autre sens et retournent à la seconde Rolls dont le chauffeur ouvre non moins cérémonieusement la portière arrière. Sur la banquette est assise, impassible, la reine Elisabeth II d'Angleterre.
- Et ça, dit le chauffeur, c'est de la merde ?

BOULOT

Bérengère de la Coquillette donne un grand dîner mondain ce soir. Elle donne ses dernières consignes au serveur, engagé pour la soirée :

– S'il vous plaît, vous servirez le veau avec du persil dans les oreilles et une rondelle d'orange dans la bouche.

Le serveur, interloqué, répond :

– Comme vous voulez, madame, mais j'ai peur d'être un peu ridicule.

ENFANTS

Sandy rentre de l'école. Elle va voir sa maman pleine d'enthousiasme :
- Maman, maman, ce matin, à l'école, on a appris à compter. Moi je sais compter jusqu'à 12 alors que les autres ne savent compter que jusqu'à 10 ! Écoute : 1, 2, 3...
- C'est bien ma chérie, je suis fière de toi !
- Dis maman, c'est parce que je suis blonde que je compte mieux ?
- Oui ma chérie, c'est parce que tu es blonde.

Le lendemain, de retour de l'école :
- Maman, on a appris l'alphabet à l'école et les autres ne vont que jusqu'à F alors que moi je sais aller jusqu'à L ! Écoute: A, B, C, D...
- Bravo ma chérie, tu es vraiment plus forte que tes camarades.
- Dis maman, c'est parce que je suis blonde ?
- Oui ma chérie c'est parce que tu es blonde.

Quelques jours plus tard :
- Maman, maman, tu ne devineras jamais ! On avait la visite médicale aujourd'hui et le docteur a dit que j'ai un 85 B, mieux que tous les autres !
- Toutes mes félicitations ma chérie.
- Dis maman, c'est parce que je suis blonde ?
- Non ma chérie, c'est parce que tu as 20 ans !

ENTRE POTES

Deux comédiens se rencontrent :
– Alors, qu'est-ce que tu deviens ?
– Eh bien, je tourne avec Lelouch…
– Quoi ! Claude Lelouch !
– Non, Daniel Lelouch, son cousin. Même manière de filmer, même talent… Ah ! Je côtoie aussi Depardieu…
– Quoi ! Gérard Depardieu !
– Non ! Julien Depardieu, son cousin. Même manière de jouer, même talent… La musique du film est composée par Lenorman…
– Quoi ! pas Gérard, j'espère.
– Ben si.

COUPLE

Au supermarché du coin, deux hommes se rentrent dedans avec leurs caddies. De mauvaise foi, le premier regarde le second de travers :

– Vous pouvez pas faire attention ?

– Pardon monsieur, je cherchais ma femme et je ne regardais pas devant moi.

– Ah, vous aussi vous avez perdu votre femme ! Elle est comment la vôtre ?

– Grande, blonde, mince, les yeux très bleus, une robe très décolletée et des chaussures à talons. Et la vôtre, elle est comment ?

– Oh, laissez tomber, je vais vous aider à trouver la vôtre !

DEVINETTES

Quelle est la différence entre un homme et une prison ?

Solution

Dans une prison, il y a des cellules grises.

ENFANTS

C'est l'histoire d'une cigale qui, l'été venu, propose à la fourmi, sa voisine, de partir en vacances à Saint-Tropez avec elle. La fourmi lui répond qu'elle doit rester préparer des provisions pour l'hiver et qu'elle ferait bien d'en faire autant.
À son retour de vacances, la cigale rend visite à la fourmi et lui raconte ses vacances : soirées sur des yachts avec la jet-set, boîtes de nuit en compagnie de Johnny Hallyday, baignades, mecs, soleil.
L'hiver arrive, passe, puis le printemps, et revoici l'été. La cigale vient de nouveau proposer à sa voisine de l'accompagner à Saint-Tropez, mais la fourmi doit refuser pour préparer des provisions pour l'hiver. Avant que la cigale ne parte, elle lui lance :
– Et si tu croises monsieur La Fontaine, dis-lui qu'il commence à me faire chier avec ses histoires à la con !

PEUPLES

Ce matin à la maternité, trois couples viennent d'avoir un bébé. Le couple de Marseillais a eu un garçon, tout comme le couple de Congolais et le couple de Parisiens.
Au moment où la sage-femme s'apprête à mettre les bracelets de naissance, une coupure de courant plonge la salle dans le noir. Une fois le courant rétabli, l'infirmière ne sait plus quel bébé est à qui. Elle appelle alors les trois papas un par un pour qu'ils viennent reconnaître leur enfant.

Le papa marseillais entre dans la salle en premier. Il s'approche du petit Congolais.
- Marius, comme tu es beau mon fils !
- Enfin, monsieur... Vous êtes stupide ? C'est le seul bébé de couleur et il y a un couple de Congolais qui vient d'avoir un fils.
- Je sais bien, madame. Mais je ne peux pas me tromper et repartir avec le petit con de Parisien !

ENTRE POTES

Charles se confie à un copain :
– Franchement, je n'ai pas de chance ! Il y a quelques mois, j'ai voulu embrasser une auto-stoppeuse que j'avais fait monter dans ma voiture... Malheureusement, elle a porté plainte et le juge vient de m'infliger une amende de 200 euros pour attentat à la pudeur !
– Ah merde ! Vraiment pas de chance en effet...
– Attends ! C'est pas tout ! Ensuite, quand le juge a vu la fille, il a suspendu mon permis de conduire et m'a donné une amende de 300 euros pour conduite en état d'ivresse !

SOUS LA COUETTE

Deux copines se racontent leur week-end.

– Samedi soir, dit l'une, je suis allée en boîte et je me suis fait draguer par un garçon superbe. Grand, brun, dans les vingt-cinq, trente ans. Il m'a ramenée chez lui dans la décapotable, nous nous sommes retrouvés dans sa chambre, et au moment où je me glissais dans les draps, il m'a demandé mon âge.

Quand je lui ai dit que j'avais 13 ans, il a bondi du lit et il m'a flanquée à la porte !

– Que veux-tu, fait l'autre, tu es encore tombée sur un superstitieux !

FAMILLE

Carla en a marre de recevoir des textos mal orthographiés de ses filles. Cela la pousse dans de vastes réflexions. Elle ne peut s'empêcher de leur répondre : « Les filles, j'aimerais savoir. Quand vous écrivez "ki" à la place de "qui", que faites-vous de tout ce précieux temps gagné ? »

DEVINETTES

Qu'est-ce qui est le plus difficile dans un accouchement chez les gitans ?

Solution

C'est de faire sortir la guitare !

Quelle est la différence entre une Portugaise et une otarie ?

L'une est poilue, a de la moustache, le ventre graisseux et sent terriblement le poisson... et l'autre est un mammifère marin.

Les dictons détournés

Qui vole un bœuf...
Est vachement musclé !

Qui pisse contre le vent,
Se rince les dents !

Quand le merle chante en mai,
C'est qu'avril est fini !

On ne fait pas d'aveugles
Sans casser des yeux !

Pluie en novembre
Noël en décembre !

Noël au balcon,
Enrhumé comme un con !

Noël aux tisanes,
Pâques aux rabanes !

Caleçon qui gratte,
Morpions qui squattent !

Qui persévère,
N'ira pas à la pêche !

T'en pètes en mer,
T'en chies sur terre !

Au royaume des aveugles
Les borgnes sont mal vus !

Fellation du matin,
Repos du vagin !

Sodomie du soir,
Repos de la mâchoire !

Gourdin du matin,
Pipi sans les mains !

Le monde appartient à ceux
Dont les ouvriers se lèvent tôt !

Qui pisse loin,
Ménage ses chaussures !

En Mathilda May,
Fais ce qui te plaît !

Qui mange un chien...
Chie Ouah ! Ouah !

Jésus crie,
La caravane passe !

C'est la goutte d'eau
Qui met le feu aux poudres !

Il n'y va pas avec le dos de la
main morte !

SOUS LA COUETTE

Dans le bus, Samantha s'adresse à son voisin :
– Excusez-moi, vous pourriez m'aider à enlever quelque chose de mes seins, je n'y arrive pas ?
– Oui, bien sûr !!! Que dois-je enlever ?
– VOS YEUX.

COUPLE

Une dame téléphone à son journal local et demande à parler au responsable de la section nécrologie. Le gars du journal lui répond :

– Bonjour madame, que puis-je faire pour vous ?

– J'aimerais passer une annonce.

– Très bien madame, je vous écoute, quel est le texte ?

– « David Cohen est mort. »

– Et c'est tout ? « David Cohen est mort » ?

– Oui, c'est tout.

– Mais vous avez droit à 4 lignes pour votre annonce. C'est compris dans le prix.

– D'accord. Alors mettez : « David Cohen est mort… Mercedes 300 SL à vendre. »

ENFANTS

Lulu le petit esquimau a décidé d'aller pêcher ce matin. Il creuse un trou dans la glace et, au moment de lancer sa canne à pêche, il entend une voix :

- Il ne faut pas pêcher ici, il n'y a pas de poissons !

Lulu ne cherche pas plus loin, remballe son matériel et s'en va pêcher plus loin. Il creuse à nouveau un trou. Prend sa canne à pêche en main. Et là, il entend la même voix :

- Il ne faut pas pêcher ici, il n'y a pas de poissons !

Cette fois-ci il s'énerve et lance :

- Mais qui me parle ?
- Le directeur de la patinoire !

Serge s'approche de Jean-Marc et lui demande si ça va.

– Pas tellement, je suis en plein *burn juillet*.

– Comment ça ?

– C'est comme le *burn août*, mais avec un mois d'avance.

COUPLE

Mon amour, désires-tu une Ferrari pour ton anniversaire ?
– Non merci.
– Une jolie Rolex, alors ?
– Non merci.
– Un week-end à New York ?
– Non merci.
– Alors, que veux-tu ma douce ?
– Le divorce !
– Mince… Je ne pensais vraiment pas dépenser autant !

SOUS LA COUETTE

Marie-France, 62 ans, est une cougar affirmée. Un soir en boîte, elle s'approche d'un beau jeune homme :
- Ça te dirait de faire l'amour avec la mère et la fille en même temps ?
- Oh oui, c'est mon fantasme !!
- Viens chez moi, alors.
Arrivé chez Marie-France, le jeune homme commence à se mettre à l'aise. La cougar se met alors à hurler :
- Mamaaaaaaan ! Tu viens ?

FAMILLE

Francisco demande à Amar, son vieux pote :

– Dis-moi sincèrement, tu trouves que mon fils me ressemble ?

– Franchement ? Oui... Mais c'est pas grave ! L'essentiel est qu'il soit en bonne santé !

PEUPLES

Une Portugaise vient porter plainte au commissariat :

- Bonchour, ché fiens me plaindre ké yé me chui fé fioler dans le buche !

Le policier lui répond :

- Violée dans le bus ? Mais personne n'a rien fait ?

- Non les chautres m'ont fioler ochi.

- Mais vous n'avez pas appelé à l'aide ?

- Chi... ché crié « Léché moi, léché moi ! »

ENTRE POTES

Marc invite Jean-Luc à passer une semaine dans sa maison à la campagne. Tout se passe bien, mais au bout de trois jours, un malaise s'installe entre les deux amis d'enfance. Marc finit par briser la glace :
– Tu m'as invité, tout se passait bien mais là j'ai vraiment l'impression que tu fais la gueule... Si tu veux que je parte dis-le moi directement !
– Non, je ne fais pas la gueule. Mais tu es arrivé, tu t'es tapé ma femme. Bon, ça, c'est pas grave : je ne lui fais plus l'amour depuis des années. Ensuite tu t'es tapé ma fille. Tu es un ami, donc je ne t'en tiens pas rigueur. Ensuite mon fils. Bon... Hier soir, c'était la bonne. Je la paie mal, elle mérite bien ça. Mais je résume : Ma femme, ma fille, mon fils, ma bonne... et moi, un ami de 30 ans, rien du tout ?

DEVINETTES

À votre avis, pourquoi grand-mère sait faire un bon café ?

Solution

Parce qu'elle n'a que ça à faire !

SOUS LA COUETTE

Trois amis homosexuels viennent de perdre leur compagnon respectif dans un accident. Réunis pour l'incinération, l'ambiance est au chagrin. Le premier éclate en sanglots :

– Comme il était pilote, je vais répandre ses cendres dans le ciel. Il aurait sans doute aimé voler une dernière fois !

– Moi je vais jeter les siennes à la mer : il aurait aimé naviguer une dernière fois.

– Moi je vais les répandre sur mon chili con carne.

– Mais enfin, pourquoi tu ferais une chose pareille ??

– Parce qu'il aurait sans doute aimé me défoncer le cul une dernière fois !

BOULOT

Le voisin aperçoit Pierrette dans la cour de sa ferme.
- Bonjour, comment ça va ?
- Bien !
- Et votre mari ?
- Oh, lui... Il va de pis en pis.
- Il est malade ?
- Mais non ! Il est en train de traire les vaches !

SOUS LA COUETTE

Jean-Pierre Foucault rentre chez lui. Épuisé, il ne prend même pas la peine de dîner et va directement se coucher. Sa femme, en petite tenue, l'attendait de pied ferme :
– Mon amour, ce soir je veux que tu me fasses l'amour !
– Pas ce soir, je suis trop fatigué.
– Allez, fais-moi l'amour !
– Je viens de te dire non !
– C'est ton dernier mot, Jean-Pierre ?
– Oui, c'est mon dernier mot.
– O.K. J'appelle un ami.

Huguette assiste à la messe. Soudain, le curé prend la parole :

– Que tous ceux qui ont commis le péché d'adultère viennent à moi.

Huguette n'entend rien et demande à son voisin de répéter.

– Monsieur le curé propose des pastilles à la menthe ! Si vous en voulez une, approchez-vous.

Chancelante mais gourmande, Huguette s'approche du religieux.

– Enfin, à votre âge ? Vous n'avez pas honte ?

– Je n'ai plus toutes mes dents, mais je peux quand même en sucer sans m'étouffer !

SOUS LA COUETTE

Julie sort pour la première fois avec un garçon. Elle se retrouve chez lui.
- Je préfère te prévenir, ma mère m'a fait promettre de dire « non » à tout ce que tu me demanderas...
- Pas de soucis. Ça te dérange si on baise ?

ENFANTS

Lucas rentre de l'école, soucieux.
Il finit par demander à son père :
– Papa… c'est quoi une fiancée ?
– Une fiancée ? Eh bien, c'est comme si je t'offrais une bicyclette pour Noël et que je t'interdisais de monter dessus avant les vacances d'été !
– Ah ? Mais je pourrais quand même jouer avec la sonnette ?

DOCTEUR

Lucien se présente à son rendez-vous médical avec un nouveau médecin.

- Bonjour monsieur, je vais constituer votre dossier. Quel est votre nom ?
- Dupont. Sans J.
- Pardon ?
- Dupont, sans J !
- Euh... je ne comprends pas.
- DUPONT, sans J.
- Mais il n'y a pas de J dans « Dupont » !
- C'est bien ce que je vous dis !

ENTRE POTES

Un vieux monsieur pousse la porte d'un café. Il vient s'asseoir à côté d'un autre homme avec un chien à ses pieds.

– Est-ce qu'il mord, votre chien ?

– Non.

Le vieux monsieur s'approche du chien et le caresse. Le molosse ouvre la gueule et lui plante les crocs dans la main. Il hurle :

– Vous m'avez dit qu'il ne mordait pas ?!

– Oui, mais celui-là, c'est pas mon chien.

BOULOT

Robert est avec Lilian, son apprenti électricien.

- Passe-moi un de ces deux fils, tu veux ?
- Tiens.
- Merci. Ne touche pas l'autre, il est branché sur du 2000 volts.

BOULOT

Le plombier vient de finir les travaux :
– Et voilà, ça fera 50 euros ma bonne dame.
– Je suis embêtée, je n'ai pas de liquide. Vous prenez les chèques ?
– Oui, pas de problème.
– À quel ordre je le fais ?
– Émile Zola
– Dites donc, vous avez un nom célèbre !
– Eh ! 30 ans de plomberie quand même hein…

ENTRE POTES

Deux gars sirotent tranquillement un pastis lorsque la sirène des pompiers se met à retentir. Brusquement, l'un d'eux se lève et dit :

- Excuse-moi, le devoir m'appelle...
- Mais, tu n'es pas pompier volontaire.
- Moi non, mais le mari de ma voisine oui !

ENTRE POTES

DEUX ADOLESCENTES AU CINÉMA DISCUTENT DEVANT LE FILM. LE SPECTATEUR DU FOND S'ÉNERVE :

– PARDON, MAIS JE N'ENTENDS RIEN DU TOUT !

– ET ALORS VIEUX PERVERS ? CE QU'ON RACONTE VOUS INTÉRESSE ?

SOUS LA COUETTE

Après une nuit torride, Jules décide de faire plaisir à sa nouvelle conquête :

- Je vais aller chercher le petit déjeuner. Tu veux quoi ?
- Autant de croissants que le nombre de fois où on a fait l'amour.

Jules descend et demande à la boulangère :

- Dix croissants... non attendez ! neuf croissants et un pain au chocolat s'il vous plaît !

SOUS LA COUETTE

Simon sort en catastrophe d'un bar et interpelle un policier en patrouille :

- Monsieur ! J'étais dans ce bar et je me suis fait aborder par un mec qui m'a fait des avances salaces !

Le policier prend son air le plus sévère :

- Ouuuuh ! La vilaine rapporteuse ! Elle veut une fessée ?

ENFANTS

À la fin d'un spectacle de magie, le petit Grégoire va voir le magicien :

- Monsieur, comment vous faites pour couper une femme en deux ?
- Il faut beaucoup d'entraînement ! Moi j'ai commencé par m'exercer sur mes sœurs.
- Vous êtes une grande famille ?
- Oui, j'ai dix demi-sœurs !

PEUPLES

Dans une prison à Pékin, deux étudiants discutent. Le premier demande à l'autre, qui vient d'arriver :

– T'es là pour combien de temps ?

– Dix ans.

– T'as fait quoi pour être ici ?

– Rien...

– Impossible ! Rien, c'est cinq ans de prison.

ENTRE POTES

Jean marche dans les rues de Lourdes. Il crie à qui veut l'entendre :

- Mon dieu je marche ! Je maaaaaarche !

Un passant ne peut s'empêcher de l'interpeller :

- Le miracle a opéré ? Vous êtes allé à la grotte ?

- Non, je viens de me faire voler ma voiture.

PEUPLES

Un belge assiste à un spectacle de ventriloque. Le singe que tient l'artiste annonce :
– Allez, maintenant, je vais vous raconter quelques blagues sur les Belges !
Le Belge se lève et hurle :
– Je n'en peux plus de vos blagues sur les Belges !
Le ventriloque répond, pas décontenancé pour un sou.
– Calmez-vous monsieur, c'est pour rire !
– Taisez-vous, je parle au singe !

BOULOT

Marjorie expose ses toiles. Un monsieur, curieux, s'approche de l'artiste.

– Comment vont les affaires ? Vous arrivez à en vivre ?

– Oh, si vous saviez ! Ça se vend comme des petits pains !

– Si vite que ça ?

– Non, je veux dire, au même prix.

ENTRE POTES

Deux meilleurs potes discutent au fond d'un bar :

- Ta belle-mère et toi, vous vous entendez bien ?
- Ah ah ! Non ! Je l'appelle le pruneau.
- Pourquoi ?
- Elle est toute fripée et elle me fait chier.

ENFANTS

Une jeune biche discute avec sa meilleure amie :
– Si tu savais, depuis que je suis avec lui, je me sens envahie d'une chaleur indicible !
– T'affole pas, c'est juste l'effet de cerf.

ENFANTS

Énorme coup de filet dans les Landes : quatre chênes et six pins ont été interceptés alors qu'ils tentaient de rejoindre la scierie !

BOULOT

Au milieu d'un pré, un peintre s'approche du berger :

– Est-ce que ça vous dérange si je peins vos moutons ?

– Oui, un peu. C'est que, après, je ne pourrais pas vendre la laine !

SOUS LA COUETTE

Un militaire passe dans la rue Saint-Denis et s'arrête devant une prostituée :

– Bonsoir mademoiselle. Pardon de vous déranger, est-ce que pour 300 euros, vous accepteriez ma compagnie ?

– Avec plaisir, mon chaton ! Un gars mignon comme tout et poli !

Le capitaine se retourne et crie :

– Compagnie en avant, marche !

BOULOT

Gérald est en plein entretien d'embauche. C'est la fin de l'entretien. Le directeur des ressources humaines lui pose une dernière question :

- Gérald, vous pratiquez les sports extrêmes ?

- Oh oui de temps à autre, j'aime bien contredire une femme…

ENFANTS

Le petit David Hallyday est sur la plage de Saint-Tropez avec son papa.

– Oh papa, regarde, un bateau !

– Ah que c'est pas un bateau, c'est un yacht mon chéri.

– Comment ça s'écrit, papa ?

– Ah que oui, j'avais mal vu, tu as raison David, c'est un bateau.

Charles l'avoue sans soucis : « Un jour, j'aimerais me réincarner en araignée pour entendre les femmes hurler : "Oh mon Dieu ! Elle est énorme !" »

BOULOT

Raphaël arrive au bureau. Alors que Justine le salue, il lui confie :

- Désolé, je ne parle pas fort, j'ai un chat dans la gorge.

- Oh vu ton haleine, il semblerait que tu aies sa litière aussi !

DOCTEUR

Une vieille dame assise devant le médecin s'inquiète :
- Docteur, j'ai une question délicate à vous poser : est-ce que mon mari pourra encore faire l'amour ?
- Bien sûr madame. Et vous allez être ravie : il ne peut faire l'amour qu'avec vous !
- Ah ?
- Oui, il ne faut plus qu'il soit excité.

COUPLE

Un vieil homme vient de mourir. Le curé ne tarit pas d'éloges : quel bon mari c'était, et quel bon chrétien, et combien il aimait ses enfants, etc. Finalement, la veuve a un doute. Elle se penche vers un de ses fils et lui dit à l'oreille :

– Va jusqu'au cercueil et jette un œil à l'intérieur pour voir si c'est bien ton père qui est là-dedans.

COUPLE

Toute de noir vêtue, une femme corse revient des obsèques de son mari qui, conformément à ses dernières volontés, a été incinéré.

Elle rentre chez elle avec l'urne et verse les cendres dans un sablier en disant :

– Maintenant, travaille !

ENFANTS

En plein cours sur la justice, Arthur lève le doigt et demande à sa maîtresse :

– Madame, est-ce qu'on peut punir quelqu'un qui n'a rien fait ?

– Bien sûr que non, Arthur ! C'est le principe de la justice.

– Alors je peux vous le dire : je n'ai pas fait mes devoirs.

PEUPLES

En Espagne, il y a le feu dans un immeuble. Un enfant apparaît à la fenêtre du dixième étage et crie :
- *Au secours, à l'aide !*
Carmen qui passe aperçoit la scène, tend son tablier devant elle et lui répond :
- *Saute, saute ! Je te rattrape !*
L'enfant s'exécute. Il arrive à moins d'un mètre du sol quand la femme pivote et s'exclame :
- *Olé !*

ENTRE POTES

Olive est venu comme chaque année passer les vacances au village, et comme toujours il se vante de ses exploits de toutes sortes ; en particulier à la chasse. Mais au café, on le connaît et on l'écoute avec le sourire.

- Le dernier sanglier que j'ai eu, c'était un monstre, une bête de plus de 250 kilos ! Évidemment, impossible de le ramener tout seul… Je me suis dit : Olive, tu vas te le dépecer sur place. Alors j'ai sorti mon Opinel et j'ai découpé la première cuisse : 50 kilos ! Puis la deuxième : 50 kilos ! Et je me suis dit : « Olive, tu vas déjà ramener ça à la maison ». J'ai mis une cuisse sur chaque épaule. C'était lourd, mais ça allait. Et alors…

À ce moment, le patron du bar l'appelle :

- Olive ! on te demande au téléphone, un appel de Marseille…

Olive s'interrompt donc, et revient quelques minutes plus tard :

- Bon, qu'est-ce que je disais ?

- Eh bè, tu disais que tu avais une cuisse sur chaque épaule…

- Ouais ! Et alors, la gonzesse, je me la nique, je me la nique…

ENTRE POTES

Émilie discute de tout et de rien avec sa petite bande d'amies.

– Je voulais vous demander : Comment faites-vous pour renouveler vos recettes et ne pas manger chaque soir la même chose ?

– Oh moi les fins de mois sont tellement difficiles que j'ai arrêté de m'inspirer chez *Top Chef*... Maintenant je pioche mes idées dans *Koh-Lanta* !

POURQUOI CERTAINES FEMMES BELGES REFUSENT-ELLES D'AVOIR PLUS DE QUATRE ENFANTS ?

Solution

Parce qu'elles ont lu que, sur cinq enfants qui viennent au monde, il y a un Chinois !

DEVINETTES

Que dit une maman cochon au porcelet quand elle le chatouille ?

Solution

- Fais rillettes à maman !

PEUPLES

Belgique :
un escalator tombe en panne en pleine heure de pointe, 40 personnes sont restées bloquées pendant 5 heures.

PEUPLES

Quatre Belges arrêtent leur voiture au niveau d'une prostituée.
Le conducteur lui demande :
- C'est combien, une fois ?
- C'est 20 euros pour devant et 40 pour derrière.
Le conducteur se retourne alors vers ses deux passagers arrière et leur dit :
- Désolé, les gars, mais pour vous c'est 40 euros !

RELIGIONS

Nadine Morano arrive devant les portes du paradis.

– Nom, prénom, profession ? demande saint Pierre.

– Morano, Nadine, femme politique française.

– Trop facile ! Il me faut une preuve. Vous savez, tant de gens se font passer pour Einstein ou Picasso...

– Pour qui ?

– O.K., vous pouvez entrer.

SOUS LA COUETTE

Jean-Jacques assiste à sa première réunion d'alcooliques anonymes :
– La première fois que j'ai consommé de l'alcool, c'était pour remplacer les femmes.
– Et comment ça s'est passé ? demande un des membres.
– Ben je me suis retrouvé le sexe coincé dans une bouteille de whisky !

ENTRE POTES

Une nouvelle
pub est apparue à la
télévision ce soir :
« Tu veux savoir si tu vas
mourir bientôt ? Envoie
anticonstitutionnellement
en conduisant sur
l'autoroute ! »

PEUPLES

Un policier anglais est chargé d'annoncer à une femme que son mari vient de mourir dans un accident. Il se rend donc chez la dame et sonne à la porte. Quand elle lui ouvre, le policier lui demande :

- Bonjour, vous êtes bien Mme veuve McKenzie ?
- Je suis Mme McKenzie, mais je ne suis pas veuve.
- Vous voulez parier ?

PEUPLES

Au Texas, un homme entre dans un bar avec un crocodile en laisse. Il demande au barman :

– Vous servez les Français ?

– Bien sûr ! répond le barman.

– O.K., alors une bière et un Français, s'il vous plaît !

DEVINETTES

Quelle différence y a-t-il entre Ayrton Senna et les Allemands de l'Est ?

Les Allemands de l'Est ont cassé le mur avant de le franchir.

SOUS LA COUETTE

14 avril 1912.

Le *Titanic* est en train de couler. Un homme remarque un canot de sauvetage tout seul. Il le jette à la mer et se prépare à sauter dedans. Le capitaine le rattrape et lui dit :

– Vous faites quoi là ? Il y a encore des femmes sur le bateau !

– Vous pensez vraiment que c’est le moment de penser à ça ?

COUPLE

Nouvelle pub à la radio ce soir : « Tu veux savoir si ton ex t'aime encore ? Envoie "Tu m'aimes encore ?" à ton ex ! »

Maman volcan appelle son fils :

- Viens te laver !

- Oh ça va maman, il n'y a pas le feu.

Quelle est la différence entre une bière et un chasseur ?

La bière peut être sans alcool.

PEUPLES

Un touriste japonais arrive à l'aéroport Roissy-Charles-de-Gaulle et prend un taxi pour aller voir la tour Eiffel. Sur l'autoroute, il regarde par la vitre arrière et, apercevant une moto qui double, tape sur l'épaule du chauffeur en disant :
– Moto Kawasaki, très rapide… Made in Japan !
Un peu plus loin sur la route, le touriste tape à nouveau sur l'épaule du chauffeur de taxi et dit :
– Voiture Toyota, très rapide… Made in Japan !
Même s'il est agacé, le chauffeur ne bronche pas. Il poursuit sa route jusqu'à la tour Eiffel et débarque son passager :
– Voilà Monsieur, ça vous fera 250 euros.
Le Japonais, stupéfait par le prix, remarque :
– Oh là là… Très cher !
Et le chauffeur se retourne en souriant :
– Et oui, compteur très rapide… Made in Japan !

COUPLE

Pourquoi les hommes mariés prennent du poids alors que les célibataires restent maigres ?

Les célibataires ouvrent leur frigo, n’y trouvent rien qui leur plaise, alors ils retournent au lit.
Les hommes mariés vont au lit, n’y trouvent rien qui leur plaise, alors ils vont au frigo.

DEVINETTES

Comment appelle-t-on un fonctionnaire qui travaille 1 heure par jour ?

Solution

Un hyperactif !

PEUPLES

Un cosmonaute soviétique revient d'un gigantesque voyage dans tout le système solaire et ses planètes. Il est triomphalement accueilli par le gouvernement en grand apparat. En lui donnant l'accolade, Gorbatchev lui demande à l'oreille :

– Camarade, tu dois maintenant le savoir : as-tu rencontré Dieu dans l'espace infini ?

Et le cosmonaute hoche la tête, navré :

– Oui camarade, désolé, mais j'ai rencontré Dieu...

– Je m'en doutais, répond le président. C'est une catastrophe ; mais promets-moi de ne le dire à personne ! L'autre promet.

Un peu plus tard, au cours d'une tournée mondiale auprès des grands chefs d'État, il rencontre le pape lors d'une entrevue privée, qui lui demande :

– Mon fils, vous qui avez parcouru l'univers, dites-moi : avez-vous rencontré Dieu ?

Le cosmonaute se rappelle la promesse faite à Gorby, et répond :

– Hélas, Saint-Père, non, je n'ai pas vu la moindre trace de Dieu…

Et le pape murmure tristement :

– Je m'en doutais. C'est une catastrophe ; mais promettez-moi de ne le répéter à personne…

ENFANTS

Lucas est prêt pour rédiger sa lettre 2.0 au père Noël :
« Cher père Noël,
J'ai été sage toute l'année,
Bon, j'ai été sage la plupart du temps,
Bon, o.k. j'ai été sage de temps en temps,
Bon, en fait laisse tomber, je vais m'acheter mes cadeaux de Noël tout seul ! »

ENFANTS

Eliott engage un échange de textos avec son père :
- Papa, je veux un iPhone.
- Et le mot magique ?
- Bénédicte
- Bénédicte ?!?!?!
- Oui, le nom de ta maîtresse que tu vois le mardi de 5 à 7...
- OK. iPhone 6 ou 6 Plus ?

BOULOT

Trois gosses discutent dans la cour de récréation.

Le premier : moi, mon père, il a une Ferrari qui fonce à 350 km/h...

Le second : ouais, et moi mon père, il a un jet privé qui fonce à 900 km/h...

Le troisième : moi, mon père, il a une 2CV, il travaille à la Poste, quand il finit à 17 h, il est à la maison à 16 h 30.

PEUPLES

Un Japonais rencontre l'un de ses copains qui rentre de vacances tout bronzé.

– Alors, c'était comment, ce voyage ? lui demande-t-il, avide d'informations.

– Ben, je ne sais pas encore, je n'ai pas développé les photos...

SOUS LA COUETTE

Pépé et Mémé se sont bien amusés hier soir :

- Bien sympathique ce petit 69 hier soir Marie-Hélène...
- Oh oui, Hervé !
- Mais je dois t'avouer un petit truc : ça ne sent plus très bon là en dessous...
- Ah oui, ça c'est à cause de mon arthrite !
- T'as de l'arthrite au niveau du sexe ?!?!
- Oh mais n'importe quoi ! Mon arthrite à l'épaule ! Je n'arrive plus à m'essuyer correctement...

Personnellement, je suis pour le ménage à trois... Ça va tellement plus vite !

PEUPLES

Dans un champ de coton d'Alabama, une équipe de dix Noirs travaille d'arrache-pied pour leur maître, un riche propriétaire, blanc bien entendu. Soudain, l'un d'eux, en creusant le sol, déterre une vieille lampe à huile. Il la nettoie en la frottant sur son pantalon, et dans, un grand éclair, un génie sort de la lampe !

L'esclave, tout émerveillé, appelle ses compagnons. Et en plus, le génie leur accorde un vœu chacun !

Ils se disent que pour échapper à leur condition d'esclaves, il suffirait qu'ils deviennent blancs ; et leur vœu est exaucé, à tour de rôle, jusqu'au neuvième : chacun devient blanc en un tournemain !

Enfin arrive le tour du dixième, celui qui a découvert la lampe. Ému par ces métamorphoses, et dans un grand élan d'égalité, il dit au génie :

– Je voudrais qu'on soit tous pareils !

Et les neuf Blancs redevinrent noirs...

FAMILLE

Corentin est le membre le plus empathique de cette famille. Hier soir, en pleine période de Téléthon, il a d'ailleurs déclaré à table : « Par solidarité avec les myopathes, je ne lèverai pas le petit doigt ! »

DOCTEUR

Prise d'un violent mal de tête, Carla entre dans une pharmacie :

- Bonjour monsieur, j'aimerais une boîte d'acide acétylsalicylique, s'il vous plaît ...

- Euh... Vous voulez donc de l'aspirine, c'est ça ?

- Ah oui ! C'est exactement ça ! Désolée, je ne me souvenais plus du nom ...

ENFANTS

Tristan rentre de l'école. Comme d'habitude, sa maîtresse s'est plainte qu'il n'était pas très concerné par ses cahiers et leur préférait la cour de récré. Sa maman se lance dans un petit monologue sur les valeurs de la vie qu'elle termine par un :

– Et n'oublie pas que nous sommes sur terre pour travailler !

– J'm'en fiche ! Quand je s'rai grand, je s'rai marin !

BOULOT

Yvonne entre dans la charcuterie du quartier :

— Bonjour jeune homme, il me faudrait du jambon cru en tranches s'il vous plaît.

— Je tranche finement ?

— Oui s'il vous plaît.

— Comme ça ?

— Plus fin s'il vous plaît.

— Arrêtez-moi hein.

Le charcutier compte à voix haute :

— 14, 15, 16…

C'est bon ! Je veux celle-là !

SOUS LA COUETTE

Une femme au foyer s'affaire aux fourneaux lorsqu'un homme sonne à la porte. Elle va ouvrir :

— Bonjour monsieur.

— Bonjour madame ! Est-ce que vous avez un vagin ?

Choquée, la femme claque la porte. Le lendemain, l'homme revient et pose la même question. Intriguée, elle en parle à son mari. Ce dernier décide de rester à la maison le lendemain. Il se cache et ordonne à sa femme de répondre à la question, pour savoir où le mystérieux homme veut en venir.

— Bonjour madame ! Est-ce que vous avez un vagin ?

— Oui...

— Dans ce cas, pourriez-vous demander à votre mari de laisser celui de ma femme tranquille ?

PEUPLES

À sa mort, Staline arrive devant saint Pierre. Lequel le dévisage d'un air réprobateur :

- Pour vous, je ne vois guère que l'enfer... Jetez-y un coup d'œil, pour voir.

Staline ouvre la porte sur l'enfer et ses supplices : des damnés sont allongés sur des planches cloutées, et flagellés avec des fouets à clous. Il se tourne alors vers saint Pierre :

- On n'a vraiment pas le choix ?

- Si, si... Vous avez le choix entre l'enfer communiste et l'enfer capitaliste.

- Eh bien, fait Staline, je vais prendre l'enfer communiste ; il manquera sûrement des clous...

DEVINETTES

Quelle est la différence entre un routier anglais et un routier français ?

Solution

Ils n'ont pas le même bras bronzé.

DEVINETTES

QU'EST-CE QUI COMMENCE PAR UN P, FINIT PAR UN N, ET TOMBE DES ARBRES DANS LE SUD DE LA FRANCE ?

Solution

Putain, des feuilles, con !

DEVINETTES

Pourquoi les boîtes aux lettres de Prague sont-elles à deux mètres au-dessus du sol ?

Parce que les Tchèques postent haut.

SOUS LA COUETTE

Juju tue le temps sur un célèbre réseau social quand elle tombe sur un commentaire de sa cousine : « Qqqquuuueeeee fffaaaau-uuuutttt--iiiiillll fffaaaaiiiiirrrreeee qqquuuuuaaannnnd ooooonnnn aaaa uuunnnn vvvviiiibbbbrrrroooom-mmaaassssseeeeeuuuuuuurrrrr cccoooooiiiiiinnnnccccccéééé ddddaaaannnnnnsss lll’’aaaaannnnuuuuussss ? CCccc’’’eeeeeeeesssssstttt pppppoooouuuurrrr uuuunnnnn aaaaaaammmmmmiiiii. Ppppllllleeeeaaaassssseeee RRRTTT. »

SOUS LA COUETTE

Marius est dans la file d'attente au cinéma. Soudain, il aperçoit un morpion sur sa chemise. Furax, il le capture, ouvre sa braguette et râle :

– À la queue, comme les autres !

Pascal reçoit un texto de Fabio, son employé, en ce beau 1er novembre ensoleillé :
« Un jour férié pendant les vacances, faudrait voir à pas trop se foutre de nos gueules quand même ! »

FAMILLE

Emma rentre de longues vacances entre copines. Elle s'installe à table quand Laurent, son père, l'apostrophe :

- Tu as l'air bien contrarié ma fille... Que se passe-t-il ?
- Tu sais que j'aime plaire...
- Ah ça...
- Mais je suis quand même bien dégoûtée que le seul qui ait flashé sur moi de toutes les vacances soit un radar sur l'A7 !

DEVINETTES

À QUOI RECONNAÎT-ON UN PORTUGAIS LE JOUR DE SON MARIAGE ?

Solution

C'est celui qui a le plus beau survêtement.

ENTRE POTES

À la terrasse d'un bar, deux copains discutent :
– Tu as déjà été tenté par un plan à trois ?
– Évidemment ! C'est mon plus grand fantasme.
– Rentre chez toi tout de suite, tu arriveras peut-être à l'heure.

COUPLE

Michelle rentre d'un séminaire à l'étranger et retrouve son tendre Simon. Chacun raconte à l'autre ce qu'il a fait pendant cette longue semaine de séparation. Elle a beaucoup travaillé. Lui a profité de son absence pour retourner à ses premières amours : les jeux vidéos en ligne. Après un bon quart d'heure de discussion, Simon ajoute :

– Ah ! J'ai failli oublier ! Roland m'a envoyé un texto. Il m'a écrit qu'il y avait une vie en dehors du net et que je devrais essayer...

– C'est bien ça ! Tu lui as répondu quoi ?

– Que j'attendais qu'il m'envoie le lien URL !

DOCTEUR

Yvan est assis devant son médecin :

– Je suis vraiment très embêté. Comme vous le constatez, j'ai sans arrêt des gaz. Dieu merci, ça ne sent rien. Par contre, le bruit me met très mal à l'aise.

– Bon… je crois qu'il va falloir opérer d'urgence.

– Des intestins ?

– Non, du nez !

DEVINETTES

Pourquoi les soldats soviétiques marchent-ils toujours par trois ?

Le premier sait lire, le deuxième sait écrire et le troisième est là pour surveiller ces deux intellectuels.

DEVINETTES

Comment reconnaît-on une voiture qui n'est plus cotée à l'argus ?

Solution

À l'autocollant « OM Champion de France » collé à l'arrière !

BOULOT

Sophie a rendez-vous à la mairie :
- Bonjour, j'aimerais changer de nom.
- Quel est votre nom actuel ?
- Sophie Lapute.
- Je vois... C'est délicat à porter. Par quel nom voudriez-vous le remplacer ?
- Jenifer Lapute.

DEVINETTES

Comment pourrions-nous réunir les Beatles ?

Avec deux cartouches.

Êtes-vous bipolaire ?

☑ Oui

☑ Non

COUPLE

Jo, très amoureux de sa belle Bérengère, décide ce matin de lui confier un secret. Il s'approche tout doucement d'elle et lui dit :

- Tu sais ma chérie, je t'aime et...

Il n'a pas le temps d'en dire plus. Bérengère le coupe :

- Reviens après avoir pris un chewing-gum, là t'as une haleine automne-hiver 1992 !

FAMILLE

Quentin appelle sa maman en sortant du travail. Ils parlent de tout et de rien quand sa mère s'inquiète de l'état de ses finances. Il lui répond alors :

– Oh tu sais, la dernière fois que j'ai vu mon compte en banque, je me suis dit que j'étais sorti de la zone euro !

DEVINETTES

COMMENT RECONNAÎT-ON UN FONCTIONNAIRE DANS UN CAMP DE NUDISTES ?

Solution

Il a de la corne aux fesses !

SOUS LA COUETTE

Jacky, très énervé, pousse la porte du bar du village. Son fusil en main, il s'écrit :
– Je veux savoir lequel d'entre vous a fait l'amour à ma femme ?
Une grosse voix, venant du fond du bar :
– Je crois que tu vas manquer de cartouches Jacky...

DOCTEUR

Alphonse, 75 ans, va voir son médecin pour une analyse de sperme.

Son médecin lui donne un petit flacon et lui dit de revenir le lendemain pour l'analyse.

Le lendemain, l'homme lui remet le flacon, vide et propre. Le médecin lui demande pourquoi.

- Eh bien voilà, docteur. J'ai essayé avec la main droite, sans succès. Avec la main gauche, rien non plus. Alors, j'ai demandé à ma femme de m'aider. Elle a essayé avec la main droite puis la gauche. Toujours rien. Ensuite, elle a essayé avec la bouche, avec ses dents, sans ses dents. Toujours sans succès. Alors, on a demandé à la jeune voisine qui a essayé avec la main droite, la gauche, avec sa bouche, avec ses dents, sans ses dents…

Le médecin, choqué, l'interrompt :

- Vous avez même demandé l'aide de la voisine ?

- Eh oui, docteur. Vous voyez, on a tout essayé et on n'a toujours pas pu ouvrir ce putain de flacon !

DEVINETTES

À quoi reconnaît-on le slip de Dark Vador ?

Solution

À son côté obscur !

BOULOT

Toute la famille du petit Lucas est réunie au restaurant pour sa communion. Tout le monde est de bonne humeur et Lucas reçoit ses premiers cadeaux. Son oncle a eu la bonne idée de lui offrir des dizaines de pièces plutôt qu'un billet. Le petit garçon joue avec et en avale malencontreusement une. Il s'étouffe !
Sa mère panique et lui met de grandes claques dans le dos. Rien n'y fait.

Un homme assis à une table à côté se lève. Il s'approche doucement de Lucas. Doucement il lui baisse son pantalon. Doucement, il lui enlève son slip. Calmement, il lui agrippe les testicules et les tire vers le bas.
Le petit garçon, sous la douleur, ne peut réprimer un immense cri et recrache ainsi la pièce.
L'homme retourne s'asseoir aussi calmement qu'il est arrivé.
Une fois remise de ses émotions, la maman de Lucas s'en va trouver ce monsieur à sa table :
– Je ne savais pas que les médecins avaient de telles techniques, mais merci beaucoup docteur ! Vous lui avez sauvé la vie !
– Oh mais je ne suis médecin... Je travaille au Trésor public. C'est là tout notre métier : attraper le contribuable par les testicules jusqu'à ce qu'il crache son argent !

SOUS LA COUETTE

Une femme maladroite est en pleine partie de golf. Sa balle part complètement de travers et heurte un autre joueur. L'homme s'effondre, les deux mains entre les cuisses. Il hurle de douleur !
– Pardon monsieur, je suis vraiment désolée.
Elle se fait pardonner en lui faisant un massage de l'entrejambe. Au bout de 20 minutes, elle demande :
– J'espère que ça vous fait du bien.
– Oh oui ! Par contre, j'ai toujours mal au doigt !

COUPLE

Bruno va se marier, mais il est angoissé : il ne connaît rien aux coutumes ! Le jour de la cérémonie, il demande discrètement au prêtre comment se passent les offrandes. Le prêtre lui répond :

– Plus la mariée est belle, plus l'offrande doit être élevée. C'est pour remercier Dieu, mon enfant...

Bruno est embêté, il n'a qu'un euro sur lui. Il tend la pièce au prêtre, à son tour embêté :

– Je suis désolé, je n'ai pas de monnaie.

ENTRE POTES

Trois petits vieux qui étaient de bons amis se retrouvent après de longues années :

– Que faites-vous depuis que vous êtes en retraite ?

Le premier dit :

– Moi, je fais de la photo.

Le deuxième :

– Moi, je jardine.

Et le troisième annonce :

– Moi, je fais de la recherche !

– Ah bon ! Et dans quoi ?

– Tous les jours, je cherche mes lunettes, ma canne, mon dentier, mes clés...

COUPLE

Émilie demande à son copain :
- Chéri... Pour mon anniversaire, tu m'offres quoi ?
- Tu veux vraiment savoir ?
- Oh oui !
- Regarde la Mercedes bleue là-bas... tu la vois ?
Émilie, tout émoustillée, répond que oui.
- Je t'ai acheté un sac de la même couleur.

BOULOT

Lucas rentre de soirée en boîte de nuit et, comme à son habitude, il a bu plus qu'autorisé. Et comme d'habitude, il choisit de rentrer en conduisant sa voiture. Et là, contrôle routier !

- Bonjour monsieur, nous allons procéder à un test d'alcoolémie...
- Et mince... Bon, si je vous donne 10 euros, vous me laissez partir ?
- Non.
- Et pour 20 euros ?
- Bon allez, c'est d'accord.

Lucas paie ses 20 euros et s'en va.

Quelques instants plus tard, il tombe à nouveau sur un contrôle routier.

- Bonsoir monsieur, nous allons procéder à un test d'alcoolémie...
- Oh non, pas encore... Bon, pour 10 euros vous me laissez partir ?
- Non.
- Et pour 20 euros ?
- Bon allez, c'est d'accord.

Lucas paie ses 20 euros et s'en va. Quelques instants plus tard, encore un contrôle routier pour le jeune homme alcoolisé !

- Bonsoir monsieur, nous allons procéder à un test d'alcoolémie…
- Oh non, pas encore… Bon, pour 10 euros vous me laissez partir ?
- Non. Donnez-moi 100 euros et je vous laisse partir !
- 100 euros ?!?! Vos deux collègues avant vous m'ont laissé repartir pour 20 euros !
Le gendarme sourit et lui répond :
- Oui, mais moi en plus je vous explique comment sortir du rond-point !

DOCTEUR

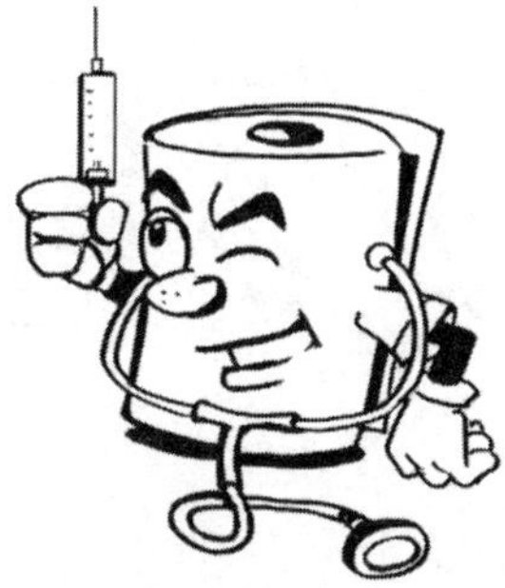

Au fin fond de la campagne française, non loin d'Oyonnax, la fermière rentre chez elle :

- Gégé, chui là ! Chui rentrée d'chez l'gynéco !
- Et alors ? Qué qui t'a dit l'toubib ?
- Ben qu'j'avions un Christ aux ovaires !
- Oh bah t'es pô rendue toi... Déjà qu't'avais le diable au cul !

COUPLE

Laurent retourne enfin au bureau après 15 jours d'absence. Son chef vient le voir :
– Alors ça va mieux Lolo ?
– Oh oui ! Ça a été une des plus belles expériences de ma vie !
– La varicelle ? Ta plus belle expérience ?
– Oui, j'ai pu voir à quel point ma femme tenait à moi...
– Qu'est-ce que tu racontes ? T'as encore de la fièvre ?
– Non, non tout va bien ! Comme j'étais à la maison pendant 15 jours, je l'ai vue faire : à chaque fois que le facteur sonnait à la porte, elle n'arrivait pas à réfréner sa joie et hurlait « Mon mari est à la maison ! Mon mari est à la maison ! »

FAMILLE

Voici le Top 1 des phrases qui vous réveillent :

1) Tu dors ?

SOUS LA COUETTE

Francisco retrouve son vieux pote. Il est très amoché, complètement recouvert de bleus. Christophe s'inquiète pour lui :

– Mais qu'est-ce qu'il t'est arrivé ? Qui t'a fait ça ?

– Ma femme...

– Ta femme ? Elle ne ferait pas de mal à une mouche...

– Ben là elle a pas pu s'en empêcher !

– Mais tu lui as fait quoi ?

– À elle, rien ! Je suis juste rentré comme Superman...

– Pardon ? Tu voles, maintenant, Francisco ?

– Mais non, abruti ! Je suis rentré avec le slip sur le pantalon !

SOUS LA COUETTE

Amanda et Natalia, deux stripteaseuses, discutent après une longue nuit de travail. Natalia, la dernière arrivée, demande :

– Tu t'occupes comment pendant tes pauses ?

– Je fume une cigarette et je bois un café dans la loge, histoire de souffler un peu. Et toi ?

Natalia répond :

– Je m'assois dans une bassine de sel.

– Ah bon ? Mais pourquoi faire ?

– Le boss m'a dit que c'était l'idéal pour désinfecter... Et ça donne soif aux clients !

PEUPLES

André reçoit sa fille pour une explication. Cette dernière a en tête l'idée saugrenue de se marier avec un Irlandais. Difficilement acceptable pour son père…

- Pourquoi un Irlandais ? Tu ne veux pas choisir un mec avec plus de classe ?
- Mais papa ! Il est super classe pour un Irlandais : ses tatouages ne comportent aucune faute !

FAMILLE

Une légende raconte que Gilbert Montagné aurait été le premier à dire « Vous êtes làààà ? » en concert.

DOCTEUR

Jean-Luc se rend chez son psychiatre pour son rendez-vous mensuel. Il commence à raconter son rêve :

- Toutes les nuits, je rêve que trois jeunes femmes magnifiques s'invitent dans ma chambre pendant mon sommeil. Elles enlèvent la couverture puis arrachent mon pyjama. Je me réveille et je les repousse. S'il vous plaît, il faut que vous m'aidiez...

Le psychiatre, interloqué, répond :

- Je vois... Je vois... Comment voudriez-vous que je vous aide ?

- Je vous en supplie, cassez-moi les deux bras !

DOCTEUR

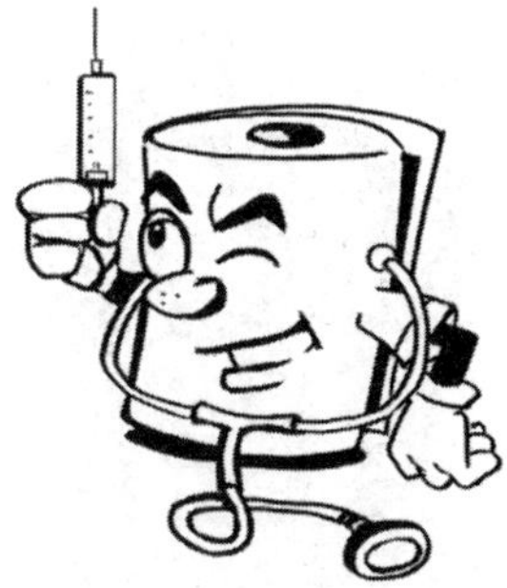

Une vieille dame entre chez son dentiste. Elle enlève sa petite culotte, soulève sa robe et s'assied sur le fauteuil en écartant les jambes. Le docteur est très perturbé :

– Madame, vous vous souvenez, je suis votre dentiste ? Pas votre gynécologue !

– Dites donc, je suis vieille mais pas gâteuse, je sais encore qui vous êtes !

– Alors pourquoi vous déshabiller ?

– Vous vous souvenez du dentier que vous avez posé à mon mari avant-hier ?

– Oui, bien sûr.

– Eh bien maintenant, il va falloir l'enlever !

DEVINETTES

Vous cherchez un moyen mnémotechnique de vous souvenir de la date d'anniversaire de votre femme ?

Oubliez-la une fois, vous vous en souviendrez à coup sûr !

COUPLE

Maurice a fait une folie : il s'est acheté un téléphone dernier cri ! Pour surprendre sa femme, et parce qu'il est très blagueur, Maurice entre par la fenêtre de la salle de bains. Il appelle sur le téléphone fixe de son domicile.

- Allô, mon amour...
- Attends, je ne peux pas te parler, je te rappelle.
- Mais, pourquoi tu ne peux pas me parler ?
- Mon mari est dans la salle de bains.

DOCTEUR

Une jeune maman vient d'accoucher. La sage-femme attend qu'elle ait retrouvé ses forces et vient lui parler :
- Votre bébé va très bien, à un détail près.
- Qu'est-ce qu'il a ? Dites-moi !
- Rien de grave, mais...
- Allez, enfin, dites-moi !
- Il est hermaphrodite...
- Ça veut dire quoi ?
- Qu'il est équipé à la fois comme un garçon et comme une fille.
- Mais c'est génial alors ! Il a un pénis et un cerveau !

Lorsque vous voyez un homme ouvrir la portière de sa voiture à une femme, dites-vous qu'il n'y a que deux options : soit la voiture est neuve, soit c'est la femme !

COUPLE

Jean-Jacques est un homme timide et faible. Il travaille dans la même boîte que sa femme. D'ailleurs, tous les collègues sont au courant du fait que sa femme le trompe, mais Jean-Jacques n'y croit pas. Un jour, ses collègues le motivent cependant à aller faire un tour chez lui de manière impromptue, alors que sa femme est en arrêt maladie.

Il arrive en bas de son immeuble, prend l'ascenseur et s'approche de son appartement sur la pointe des pieds. Devant la porte, il voit un parapluie. Le lendemain, au bureau, ses collègues s'empressent de l'interroger :

– Alors, tu as eu la preuve ?

Jean-Jacques répond :

– Oui, je dois dire que vous aviez raison…

– Tu lui as cassé la gueule, j'espère !

– Non, par contre la prochaine fois qu'il pleuvra, il sera bien malheureux !

ENTRE POTES

Chloé est prof depuis une poignée d'années maintenant. À la pause café, elle se confie à ses collègues :

« En fait, les élèves c'est comme le linge. Dès qu'il fait beau, ça sèche ! »

DEVINETTES

Il est fortement recommandé de ne jamais embêter un grand cow-boy. Pourquoi ?

Solution

Parce qu'il monte toujours sur ses grands chevaux !

DOCTEUR

Alphonse appelle le médecin, tout paniqué :

– Allô docteur ? Non ça ne va pas du tout. J'allais faire l'amour à ma femme quand le petit s'est mis à pleurer. Je suis allé le consoler, mais dans un moment d'inattention, il a attrapé le préservatif que j'avais dans la main et l'a avalé.

– Ne faites rien, j'arrive tout de suite.

Dix minutes plus tard, le médecin sonne chez Alphonse.
– Ah, docteur ! J'ai essayé de vous joindre sur votre portable pour vous dire de ne pas vous déranger !
– Comment ça ? Le petit a recraché le préservatif ?
– Non, mais j'en ai trouvé un autre !

DEVINETTES

Le saviez-vous ?

L'homme invisible habite chez ses transparents !

DEVINETTES

COMMENT APPELLE-T-ON UNE FEMME QUI NE SE DEMANDE JAMAIS CE QUE FAIT SON MARI ?

Solution

Une veuve !

DEVINETTES

Quelle heure annonce une pendule lorsqu'elle sonne treize coups ?

Solution

L'heure de la faire réparer !

ENTRE POTES

Au bar, une discussion entre deux pilliers de comptoir se termine sur ces bons mots : « L'amour, c'est comme les cartes. Quand t'as pas de partenaire, il te faut une bonne main ! »

DEVINETTES

Pour quelle raison les fanfares jouent-elles de la musique en avançant ?

Pour s'éloigner du bruit !

Une lionne s'approche de son mari lion et lui dit :

– Que tu es beau aujourd'hui, Alfred !

– Arrête, tu vas me faire rugir…

ENFANTS

Un gros
poisson nage
tranquillement
dans l'océan.
Soudain, il se
retourne et réalise
qu'il est suivi par
son petit frère :
– Mais *fish* moi la
paix à la fin !

Pourquoi Ray Charles a toujours des pantalons jaunes en bas ?

Parce que son chien est aussi aveugle que lui !

ENTRE POTES

Denis sort de la boulangerie et croise son ami Serge. Ce dernier s'étonne :
– Tiens, Denis, tu portes des lunettes maintenant ?
– Et oui, je vieillis !
– Mais tu les portes depuis quand ?
– Depuis lundi.
– Comment tu t'es aperçu que tu en avais besoin ?
– Samedi soir, je suis rentré de boîte avec une femme.
– Et ?
– Je l'ai amenée jusqu'à l'hôtel...
– Et alors ? Je ne vois pas le rapport...
– J'ai allumé la lumière et j'ai vu que c'était ma femme.

DOCTEUR

Une femme âgée arrive chez le docteur :

– Docteur, je crois que je perds la mémoire. Dites-moi ce que je dois faire !

– Payez-moi d'avance.

FAMILLE

Le petit Lulu appréhende : lui et sa famille s'apprêtent à prendre l'avion pour partir en vacances. Sa mère le voit angoisser.

- Qu'est-ce que tu as ?
- J'ai peur d'avoir mal aux oreilles au décollage, comme la dernière fois.
- Tiens prend ce chewing-gum, tu verras, ça aide.

L'avion décolle, Lulu est détendu. Il dit à sa mère :

- Maman, comment je fais maintenant pour l'enlever de mes oreilles ?

FAMILLE

Jean-Jacques est furieux : il a surpris son jeune adolescent en train de boire de l'alcool ! Pour lui faire comprendre que c'est mauvais pour la santé, il tente une expérience. Il remplit un verre d'eau et un verre de vodka pure.

Il prend deux vers trouvés dans le jardin. Il en met un dans chaque liquide. Le ver dans l'eau se débat mais ne meurt pas. Celui plongé dans la vodka semble souffrir et finit par mourir.
Jean-Jacques dit alors à son fils :
- Que retiens-tu de l'expérience ?
- Quand on boit de l'alcool, on ne peut pas avoir de vers !

Philippe n'a pas pu se libérer pour la soirée à thème sénégalaise de son ami Kévin. Il sonne chez lui le lendemain, invité à boire un café. Mal réveillé, Kévin ouvre la porte et le fait entrer. Après un échange de quelques banalités, Kévin remarque des marques étranges sur la table du salon. Il demande :

- Mais qu'est-ce qu'il s'est passé sur cette table ?

- Tu sais, tout le monde raconte que les Noirs ont un grand sexe ?

Kévin est sceptique.
- Oui, et alors ?
- Alors hier soir, dans l'euphorie de la soirée, mes amis sénégalais ont voulu faire un concours. Ils ont tous posé leur sexe sur la table et j'ai fait une marque pour les départager.
Kévin rit à gorge déployée puis sort à son tour sa verge :
- Désolé, mais tu leur diras que je les bats tous à plate couture !
- Attends Kévin... Eux, ils étaient de l'autre côté de la table !

SOUS LA COUETTE

Jenna gagne sa vie sur les trottoirs de Lyon depuis des années. Comme chaque soir, elle apostrophe de potentiels clients dans la rue :
– Tu viens chéri ? Tu me donnes combien ?
Après l'avoir regardé de haut en bas, Lucas lui répond :
– J'sais pas moi... Dans les 60 ans, non ?

DOCTEUR

Soirée entre filles. Julie et Michelle discutent de tout et de rien quand elles viennent à parler de leur gynécologue respectif :

- Tu ne voudrais pas changer de gynéco toi ? J'en ai trouvé un pas cher, juste à côté, jeune et beau... Tout le contraire du tien quoi !

- C'est vrai que le mien est vieux, mais j'ai une bonne raison de le garder... Ses mains tremblent !

Annette rentre chez elle après deux semaines de vacances du côté de Brest. Lors d'un apéro entre amis, on lui demande forcément comment cela s'est passé.

– C'est des fous en Bretagne ! Ils sont tellement bourrés qu'ils entendent le loup, le renard et la belette chanter !

SOUS LA COUETTE

Michel et Micheline, jeunes retraités, veulent vendre leur petite maison pour s'offrir un nouveau bien au soleil. Ils passent logiquement chez leur notaire qui leur pose une question fort banale :

- Vous préférez l'habitat rural ou l'habitat urbain ?

- Oh vous savez, la bite à Michel me convient parfaitement hein !

COUPLE

Emma échange quelques textos avec son chéri ce soir-là :

Lui : Je t'aime tellement que je pourrais mourir pour toi, bébé !

Emma : Mdrrrrrrrrrrr

Lui : J'te jure, t'es toute ma vie mon amour !

Emma : Mdrrrrrrrrrrr

Lui : Tu le sais, *baby*, j'espère ! Si demain on me demandait de mourir pour toi, j'te jure que je le fais !

Emma : Mdrrrrrrrrrrr

Lui : *Baby*, j'ai envie de t'offrir une belle Porsche pour Noël tellement je t'aime…

Emma : C'est vrai, mon chéri ?

Lui : Mdrrrrrrrrrrr !

FAMILLE

Francisco a pris une lourde décision : il abandonne son break familial pour une voiture sportive et plus puissante. C'est vrai après tout : les enfants sont grands, loin du domicile familial et ils ont désormais le permis ! Il se rend donc chez un concessionnaire.

Le vendeur lui présente alors son nouveau modèle avec un autoradio dernier cri :

- Son petit plus ? La commande vocale ! Vous lui donnez un nom de chanteur et il vous joue les chansons de l'artiste que vous avez choisi. Essayez donc !

- O.K., euh... Iglésias ?

L'autoradio lui demande alors : « Julio ou Enrique ? »

- Julio !

L'autoradio lance alors « *Vous les femmes, vous le charme...* »

Francisco demande à faire un nouveau test :
- Hallyday !
- David ou Johnny ?
- Johnny !
- Allluuuuummmmeeezzz lleeee feeeeuuuu !
Francisco craque pour cette voiture et demande à aller l'essayer sur la route. À peine sorti du parking, il se fait emboutir l'avant du véhicule par un chauffard. Francisco hurle alors :
- Enculé de connard de merde !
L'autoradio se lance alors automatiquement :
- Hollande, Sarkozy ou Le Pen ?

FAMILLE

Gérard roule dans sa Ferrari flambant neuve sur l'autoroute. Le compteur atteint les 150 km/h lorsqu'il est dépassé par un poulet à quatre pattes ! Ni une, ni deux, il accélère et le dépasse à son tour. Mais voilà que le poulet à quatre pattes revient à la charge, le dépassant à nouveau ! Gérard décide de le suivre et atterrit dans une ferme.

Gérard se gare et tape à la porte :
- Bonjour, monsieur le fermier ! Vous ne devinerez jamais ce qui vient de rentrer dans votre basse-cour !
- Quoi donc ?
- Un poulet à quatre pattes !
- Ah, j'en ai 1 500 comme ça, ne vous inquiétez pas !
- Tous avec quatre pattes ?
- Oui ! Dans ma famille, tout le monde aime les cuisses. Du coup c'est plus pratique.
- Vous en mangez souvent ?
- Non. En fait, on n'a pas encore réussi à en attraper un !

ENTRE POTES

Robert arrive au café et s'installe tranquillement au bar. Le serveur lui demande ce qu'il veut :

- Quand Robert boit, tout le monde boit !

Le serveur est étonné de tant de générosité mais sert une tournée à toute la salle.

Vingt minutes plus tard, Robert a fini son verre. Le serveur lui demande s'il veut autre chose.

- Quand Robert boit, tout le monde boit !

Encore plus étonné, le serveur se dit qu'il est tombé sur un client très très généreux. Après trois nouvelles tournées, Robert s'apprête à partir. Le serveur lui tend l'addition :

- Ça fera 260 euros s'il vous plaît.

- Quand Robert paie, tout le monde paie !

ENTRE POTES

Lucas et deux de ses copains s'ennuient dans leur campagne natale. Soudain, Lucas a une idée :

– Les gars, on pourrait se faire un golf miniature. On n'a pas besoin de grand chose : un club, une balle et un trou. Allez, moi je fournis le club !

– O.K., ben moi je fournis la balle.

– Euh... Ben moi j'vais pas jouer avec vous alors !

SOUS LA COUETTE

Pascal en a marre de son vieux scooter. Il est décidé à s'acheter une voiture et se rend chez un concessionnaire. Vu son budget, le vendeur lui propose une voiture d'occasion. L'auto plaît à Pascal qui demande à l'essayer.
Le voilà donc parti sur l'autoroute pour voir ce qu'elle a dans le ventre. 50, 100, 150, 170 km/h : la voiture avance bien. Un peu trop bien même ! Les gendarmes ne tardent pas à l'arrêter. Une fois arrivés à son niveau, ils lui sortent le sempiternel : « Bonjour, vos papiers s'il vous plaît. »
Et là, ils découvrent que l'homme est nu !
– Pourquoi conduisez-vous sans aucun vêtement monsieur ?
– C'est pas d'ma faute ! Je suis en train d'essayer cette voiture pour potentiellement l'acheter et le vendeur m'a dit « Elle tire bien mais faites attention, au-dessus de 150 km/h elle commence à sucer ! »

ENTRE POTES

Un homme très musclé pousse la porte d'un bar et s'installe. Sans un mot de politesse, il dit :

– Un café, sinon...

Le serveur a peur de cette phrase menaçante et lui sert son café immédiatement.

L'homme musclé s'en va sans payer.

Le lendemain, même scénario :

– Un café, sinon...

Au bout d'une semaine et alors que l'homme a bu son café sans payer tous les matins, le serveur décide d'en finir.

– Un café sinon...

– Sinon quoi ?!

– Sinon... un jus de goyave.

BOULOT

Mika veut entrer dans la Marine. Après avoir passé toute une batterie de tests, l'examinateur lui pose une dernière question :

– Monsieur, nous sommes prêts à vous faire entrer dans la Marine. Mais on a complètement oublié de vous demander une chose totalement banale, mais vous savez nager n'est-ce pas ?

– Euh… Mais en fait vous demandez aussi aux parachutistes s'ils savent voler ?

BOULOT

Jojo, caporal dans l'Armée de terre, forme ses nouvelles recrues :
– Vous voyez les gars, si je jette un caillou en l'air, il va retomber sur le sol. Ça, c'est la gravitation !
– Et si le caillou tombe dans l'eau alors, caporal ? C'est toujours la gravitation ?
– Si ça tombe dans l'eau, ce n'est plus de notre ressort. Faut appeler la Marine là !

DEVINETTES

Quelle est la différence entre un PDG et un SDF ?

Solution

Le PDG change de Ferrari tous les ans. Le SDF change de porche tous les soirs.

ENTRE POTES

Steph, jeune blonde, a décidé de pratiquer l'équitation. Elle n'a aucune expérience mais n'hésite pas une seule seconde et monte sur le dos de l'animal.

D'un bond il s'élance et part directement au galop. La blonde s'accroche aux rênes. Mais le galop est si rapide qu'elle commence à glisser. Elle s'accroche alors à la crinière du cheval. Mais là encore, la prise est trop faible et la blonde continue sa lente chute rythmée par le galop du cheval.

Elle prend une décision potentiellement lourde de conséquences et choisit de sauter du cheval. Manque de chance, son pied reste coincé dans l'étrier. La voilà accrochée uniquement par un pied. Sa tête frappe le sol à intervalles réguliers. Heureusement pour elle, Jo, vigile chez Intermarché, intervient et débranche le cheval.

COUPLE

Serge passe la soirée avec sa douce. D'humeur romantique il lui lance :

- Tu te rappelles comme nous étions heureux il y a trente ans Sandrine...
- Mais on ne se connaissait pas il y a trente ans !
- Justement Sandrine... Justement...

BOULOT

Julie, charmante blonde trentenaire, rentre dans le restaurant qui vient d'ouvrir dans le quartier :

- Bonjour monsieur, vous servez des nouilles ici ?
- Bien sûr madame, nous servons absolument tout le monde ici !

Un vieux monsieur s'installe au cinéma, avec sa fiancée de 22 ans. À peine dix minutes après le début du film, le voisin de la jeune femme commence à lui faire du pied. Il attend cinq minutes encore et pose sa main sur sa cuisse, puis commence à la caresser de manière osée. La vieille dame derrière est choquée :

– Monsieur, vous devriez faire attention, votre amie est en train de se faire peloter par son voisin.

Le vieux monsieur prend un air triste :

– Je sais… Mais si je la laisse à la maison, c'est pire, elle s'envoie en l'air !

FAMILLE

Roger a emmené son fils au cirque. À la fin du spectacle, le petit dit à son père qu'il veut un autographe du nain qui participait à un des numéros. Roger s'adresse à un des artistes dans les coulisses :

– Savez-vous où je peux trouver le nain ?

L'artiste lui indique du doigt une roulotte. Roger et son fils frappent à la porte. Ils se retrouvent alors en face d'un géant de plus de deux mètres.

– Bonjour, je cherche le nain. On m'a indiqué votre roulotte.

– C'est moi le nain, répond le géant.

Roger est très étonné.

Le géant s'explique alors :

– Quoi, on n'a pas le droit de se détendre après le spectacle ?

SOUS LA COUETTE

Le grand jour est arrivé pour Quentin : il se marie demain ! Quoi de mieux pour se détendre qu'un bon match de rugby entre amis ? Quentin cède donc à son envie et se lance dans un petit match amical.
Lors d'un *ruck* particulièrement disputé, le pauvre Quentin se fait écraser ses bijoux de famille ! Le pauvre garçon se tord de douleur. Ses amis l'emmènent donc de toute urgence chez le médecin. Après une longue auscultation le docteur lui dit :
– Mon pauvre Quentin, tu t'es bien amoché... Malheureusement, je ne peux pas faire grand chose pour toi. Je peux simplement te donner des antalgiques pour la douleur, t'envelopper le sexe dans de la ouate et te poser une attelle.
– Si on ne peut pas faire mieux, allons-y pour cette solution.

Les noces se déroulent parfaitement bien. Personne ne s'oppose à l'union entre Quentin et Magali. Leurs deux mamans se supportent plutôt bien et les amis rugbymen sont là pour mettre l'ambiance. Après une folle soirée bien arrosée, c'est l'heure de la nuit de noces.
Quentin et Magali se retirent dans leur chambre. Magali passe quelques minutes dans la salle de bain et en ressort dans un magnifique déshabillé des plus sexy. Quentin l'attend dans leur lit. Magali commence à se déshabiller langoureusement en lui disant :
– Regarde chéri : tout ça est à toi. Aucun homme ne m'a jamais touché, je suis resté pure et intacte pour toi mon amour...
Quentin baisse alors précipitamment son slip et lui dit :
– Et regarde ça, chérie : encore dans l'emballage !

DEVINETTES

COMBIEN DE PERSONNES PEUT-ON ASSEOIR DANS UNE LADA ?

Solution

Tout dépend de la puissance de la dépanneuse !

Comment s'appelait la déesse qui énervait toujours Jupiter ?

Solution

Minerve ! (Parce qu'elle Minerve, celle-là !)

Huguette souffre d'Alzheimer et de Parkinson.

Peut-elle oublier de trembler ?

FAMILLE

Monsieur Gruyère rencontre monsieur Camembert.
– Tu fais quoi ?
– J'ai décidé d'apprendre à nager, comme ça je suis sûr de ne pas couler !

FAMILLE

Lola vient d'avoir 18 ans. Ses parents sont divorcés depuis presque dix ans. Son père lui demande :

– Quand tu verras ta mère, tu lui donneras ce chèque. Tu lui rappelleras bien que c'est le dernier chèque de pension alimentaire. Imagine la tête qu'elle va faire !

Lola arrive chez sa mère et donne le chèque à sa mère.

– Quand tu verras ton père, tu lui diras qu'il n'est pas ton père. Imagine la tête qu'il va faire !

DEVINETTES

Quel est le point commun entre le chien et l'homme ?

Solution

Les deux ont une phobie de l'aspirateur !

SOUS LA COUETTE

Marie-France en est persuadée : son mari la trompe avec la bonne. Ce week-end, elle a décidé de le piéger en donnant congé à la bonne sans rien dire à son cher et tendre. Le soir venu, au moment d'aller se coucher, monsieur se plaint de maux de ventre et s'en va aux toilettes. Ni une, ni deux, Marie-France court dans la chambre de bonne, s'allonge dans son lit et éteint la lumière. Elle n'a pas à attendre longtemps pour voir une silhouette entrer dans la chambre et s'allonger au-dessus d'elle. En quelques secondes, les voilà en pleine action !

Une fois leur petite affaire terminée, madame s'empresse d'allumer la lumière et de s'écrier :

– Aaaaah ! Tu ne pensais pas me trouver ici, hein ?

– Ah bah ça, non, c'est sûr ! lui répond le gardien.

DOCTEUR

Bozo le clown a rendez-vous chez son généraliste.

– Qu'est-ce qui vous amène ?

– Je ne sais pas ce que j'ai, docteur, je me sens tout drôle en ce moment...

SOUS LA COUETTE

En plein acte, Sophie dit à son amant :

– Oh oui, chéri, fais-moi crier !

– T'as pas un peu grossi ?

DEVINETTES

QUELLE EST LA DIFFÉRENCE ENTRE UN TRAIN ET UN PSY ?

Solution

Quand le train déraille, il s'arrête !

ENFANTS

Liya, 7 ans, voit sa meilleure amie se faire embêter par un petit garçon de leur classe. Elle n'hésite pas une seule seconde et entre dans la joute verbale qui oppose les deux enfants. Elle clôt la dispute avec ces quelques mots :

– Ta mère est tellement petite que sa gueule pue des pieds !

DEVINETTES

Qui est le seul à pouvoir toujours avoir le dernier mot avec une femme ?

Solution

L'écho !

SOUS LA COUETTE

On dit toujours
que ce sont les
meilleurs qui
partent en premier.
Une joie pour
les éjaculateurs
précoces !

BOULOT

Lucas, après une belle carrière de serveur, a décidé de devenir maître d'hôtel depuis quelque temps. Son dernier contrat s'étant terminé il y a peu, l'un de ses amis l'a recommandé auprès d'une grande famille qui cherche du personnel. Après l'entretien, il retrouve son ami dans un café pour un petit débriefing.

- Alors, comment ça s'est passé ?

- Je suis arrivé à la propriété où j'ai directement été reçu par madame la duchesse. Elle a demandé à voir mes mains. Après les avoir examinées, elle m'a dit : « Oh ! Elles seront parfaites pour mes gants blancs ! ». Puis, elle a demandé à voir mes mollets. J'ai obéi en retroussant mon pantalon. Elle m'a dit : « Oh ! Ils seront parfaits pour mes culottes à la française ! ». Très contente de ma candidature, elle m'a ensuite dit : « Montrez-moi vos références » et c'est là que je pense avoir fait une grosse bêtise...

FAMILLE

Bébé nuage va voir sa maman :

– Maman, maman, j'ai trop envie !

– Très bien, je vais t'emmener au petit coin pour faire pluie pluie.

FAMILLE

Les parents de Marie viennent d'avoir une nouvelle petite fille. Ils cherchent un prénom.

- Juliette ? propose le père.
- Oh, je n'aime pas vraiment. Pourquoi pas Samantha ? propose la mère.
- Oui, qu'en penses-tu Marie ?
- Moi je préfère Moustachachat, annonce Marie.
- Enfin, Marie, ce n'est pas un prénom !
- Alors pourquoi tata s'appelle Barbara ?

Pourquoi les blondes ne donnent-elles jamais le sein à leurs bébés ?

Solution

Parce qu'elles ne veulent pas se le faire bouillir !

COUPLE

Annette s'étonne du choix de son voisin Laurent... Elle cherche donc des réponses auprès de son mari :

– Minou, tu sais pourquoi le voisin s'est débarrassé en même temps de sa femme et de sa Ferrari ?

– Oui, oui... Y'en a une qui suçait trop et l'autre pas assez !

SOUS LA COUETTE

Deux blondes sont installées à la terrasse d'un café. Elles parlent de la pluie et du beau temps quand la plus jeune pose une question :

- Tu fumes, toi, après l'amour ?
- Tiens, je n'ai jamais regardé !

ENFANTS

Toto demande à son père :

- Papa, c'est quoi un synonyme ?

- C'est un mot que l'on emploie quand on ne sait pas comment l'autre s'écrit.

ENTRE POTES

Laurent croise son ami Philippe au café du coin. Laurent traîne deux énormes valises. Philippe ne peut pas s'empêcher de lui poser des questions :
– Mais qu'est-ce que tu transportes là, vieux ?
– Ben ouvre, tu verras !
Philippe ouvre la première valise. Il y découvre un énorme insecte, très moche.
– Mais qu'est-ce que c'est que ce truc ?
– Comme tu le vois, c'est une grosse mite.
– Mais pourquoi tu transportes ça ? Et qu'est-ce que t'as dans l'autre valise ?
– Oh ben ouvre, tu verras bien…

Philippe s'exécute. Et là, grosse surprise : un génie sort de cette mallette ! Ce dernier s'adresse à Philippe :

– Fais un vœu et je l'exaucerai.

Il ne réfléchit pas longtemps et lui dit :

– J'aimerais recevoir un milliard !

Un éclair zèbre le ciel. Philippe lève les yeux et voit un énorme billard tomber à ses pieds. Il s'adresse alors à Laurent, complètement atterré :

– Mais c'est quoi ce billard ? J'avais demandé un milliard moi, pas un billard !

– Et moi ? Tu crois vraiment que j'avais demandé une grosse mite ?

FAMILLE

Un policier posté sur un pont arrête une voiture. Il ordonne au conducteur de baisser la vitre.
– Félicitations monsieur ! Je vous fais un chèque de 50 euros pour récompenser votre bonne conduite !
Le conducteur est très surpris mais il est ravi :
– Merci, je vais pouvoir me payer ma dernière heure de conduite et passer l'examen !

Sa femme lui coupe presque la parole :

– Ne l'écoutez pas, il est complètement saoul.

Sur la banquette arrière, le grand-père n'a pas écouté le début de la conversation :

– Ah ben voilà, on se fait arrêter ! Je vous ai bien dit que c'était risqué de prendre la voiture volée.

Bernard le petit hérisson est perdu dans la nuit. À force de marcher, il se retrouve dans le désert, quand tout à coup il se cogne à un cactus :

– Maman ?

DEVINETTES

Que fait un crocodile quand il aperçoit une belle femelle dans un bar ?

Solution

Il Lacoste sans hésiter !

FAMILLE

Deux mites qui se connaissent depuis l'enfance se croisent :

– Tu as l'air heureuse, dis donc !

– Oui, je suis émue. J'ai enfin réussi à traverser la manche !

FAMILLE

La bigamie est lourdement sanctionnée en France. La peine encourue ?

Avoir deux belles-mères !

FAMILLE

Lucas ne peut pas s'empêcher de se ronger les ongles et ce, depuis ses plus jeunes années. Sa maman pense avoir enfin trouvé la solution pour qu'il en finisse avec sa mauvaise manie : le yoga. Lucas accepte de tenter l'expérience, il n'est plus à ça près !

Sa maman le revoit un mois plus tard :

– Oh mon p'tit Lulu, tes mains sont très belles désormais ! T'as enfin arrêté ?

– Non… Mais grâce au yoga je peux désormais me ronger les ongles de pieds !

DEVINETTES

Que va faire une blonde si on lui demande de tuer un oiseau ?

Solution

Elle le jette par la fenêtre du dernier étage !

DEVINETTES

COMMENT FAIRE POUR SORTIR UN ÉLÉPHANT D'UNE TWINGO ?

Solution

Comme on l'a fait rentrer !

BOULOT

Roland pousse la porte d'une animalerie. Il interpelle un vendeur et lui dresse la liste de ce qu'il veut acheter :

– Bonjour ! Il me faudrait dix souris, deux gros rats, trente énormes blattes et une boîte d'araignées vivantes.

– Désolé, monsieur, on ne vend que des insectes morts ici... pour nourrir les animaux.

– Ah... bon je vais les prendre quand même !